Pelargonien

Marion Nickig / Barbara Pöschel

Edition Ellert & Richter

Inhalt

Einleitung

Wenn ich den Pelargonien, den einst so beliebten Duftpflanzen, die umgangssprachlich Geranien genannt werden, ein ganzes Buch widme, so geschieht das in der festen Überzeugung, daß sie auch bei uns wieder mehr Wertschätzung erfährt. Wußten Sie, daß es Knollenpelargonien, Röschenpelargonien und orangenduftende Pelargonien gibt? Dann haben Sie sich schon sehr mit dieser Pflanze beschäftigt. Kennen Sie dazu noch ihre Herkunft und ihre Geschichte, dann sind Tür und Tor für ein kleines Pelargonienparadies geöffnet. Das muß nicht so weit gehen wie bei mir mit meinen einigen hundert verschiedenen Arten und Sorten. Es muß auch nicht zu Hause am Telefon heißen: „Tut mir leid, aber sie ist gerade in Pelargonien ...!“

Manche Sammlerin, vor allem Frauen, die selten auf Reisen gehen, genießen es, neben ihrem Beruf in dieses exotische Land einzutauchen. Pelargonien liegt ganz nah, und ab und zu wird das Terrain mit Zukäufen vergrößert. Was für eine Zufriedenheit das doch auslöst! Für Leute mit kleinem oder mit großem Portemonnaie hat diese Pflanze ihren Stellenwert: Eine ergatterte Pelargonie kann glücklich machen oder auch viele Balkonkästen, gefüllt mit dieser Prachtblume, die ein kleines Vermögen kosten. Sie sind heute immer noch ein weithin sichtbares Statussymbol!

Die Pelargonie hat viele bekannte und weniger bekannte Gesichter. Wer sie nur von der praktischen Seite beurteilt, erfaßt nicht richtig, was mit ihr über dreieinhalb Jahrhunderte in Zusammenhang steht und was ihren eigentlichen Kulturwert ausmacht.

Was es für das echte „Kennenlernen“ braucht, ist etwas Botanik, etwas Geschichte, etwas Sortenkenntnis und eine Spur Liebe und Humor für die-

Rembrandt Peale (1778–1860)

Gegenüberliegende Seite: Pelargonium cordatum L'Hér. Ecole de Gérard van Spaendock, 18. Jh.

se Pflanze, die nicht nur in ausrangierten Schubkarren zu finden ist, sondern auch in Sukkulentensammlungen botanischer Gärten. Es gibt kein bäuerliches Fensterbrett und kein herrschaftliches Gewächshaus, wo sie nicht immer noch mit Eifer gezüchtet und mit Liebe gepflegt wird.

Pelargonien unterwegs

Nach der Gründung der holländischen Ostindien-Handelsgesellschaft 1602 wurde das Kap der Guten Hoffnung in Südafrika ein wichtiger Punkt auf dem Seeweg zwischen Indien und Holland. 1652 wurde 50 km nördlich vom Kap eine Kolonie gegründet, die später das moderne Kapstadt werden sollte. Hier legte man einen Gemüse- und Obstgarten an, um die Schiffe auf der Hin- und Rückfahrt zu den indischen Kolonien mit frischem Proviant zu versorgen, wobei man sagen muß, daß Indien damals eine Sammelbezeichnung für alles entfernt liegende Östliche galt, worunter z. B. auch Java fiel.

Weil die Holländer so gute Geschäfte mit exotischen Gewürzen und den Tulpenzwiebeln machten, war ihr Interesse an fremden Pflanzen stets wach. Die Kapitäne der „Ostindievaarders“ und ihre Schiffsärzte hatten den Auftrag, besondere Pflanzen für die Botanischen Gärten von Leyden und Amsterdam heimzubringen. Die botanisch geschulten Ärzte widmeten sich gerne dieser Aufgabe, und der Garten bei Kapstadt wurde zur Zwischenstation erweitert. Ob nun die Pelargonie als noch reifer Herbariumsamen oder als Wurzelstock ihren Einzug in Europa fand, ist ungewiß, sicher waren es zuerst eher eigenwillige triste Pelargonien als schöne Arten.

Viele Fachleute schreiben die Einführung dieser Pflanzen dem Gouverneur der Kapkolonie zu, der um etwa 1700 die erste Pelargonie nach Holland schickte.

Die Ankunft neuer Pelargonien war vom Rhythmus der Schiffe aus Indien und den Ländern mit Gewürzhandel abhängig, die sich im Hafen des Kaps mit Frischwasser und Proviant versorgten. Weil Holländer und Engländer lieber miteinander handelten als Krieg zu führen, zirkulierten zwi-

Pelargonium cucullatum – der Baum unter den Pelargonienarten (oben) und Knolle vom Geophyten P. lobatum (rechts)

schen Leyden und London Samen und neue Pflanzenerrungenschaften. Als Wilhelm von Oranien Ende des 17. Jahrhunderts König von England wurde und seinen Chefgärtner, William Bentinck, den späteren Earl of Portland, mitnahm, verstärkte sich der Austausch.
So ist zu verstehen, daß 1806 die Kapkolonie nach einer kurzen Besetzungszeit an die Engländer überging, was den botanischen Austausch untereinander aber nicht beeinträchtigte. William Bentinck war der erste, der Pelargonium cucullatum einführte, ebenso Pelargonium capitatum um 1690.
Die Kapgouverneure organisierten botanische Exkursionen in die Kapregion mit ihrer außerordentlich reichhaltigen Flora. Manch reicher Adeliger, allen voran die Gräfin de Beaufort, nahm die Strapazen einer langen Schiffsreise auf sich oder stellte den Chefgärtner dafür frei, unter der Auflage, mit möglichst vielen neuen, unbekannten und exotischen Pflanzen zurückzukehren.
William Paterson wurde von der Countess of Strathmore 1777 auf Pflanzenentdeckung geschickt, und er fand an der nordöstlichen Küste Pelargonium sibthorpiifolium und Pelargonium klinghardtense. Pantaleon Hoveau war Gärtner in Kew Gardens (später in Anthony Hove umbenannt) und stammte aus Warschau. Auf seinem Weg nach Indien fand er an der südlichen Westküste Südafrikas siebzehn Pelargonien, von denen nur Pelargonium crassicaule, Pelargonium cortusifolium und Pelargonium ceratophyllum die extremen Temperaturen während des Transportes überstanden. Wahrscheinlich war er im südafrikanischen Hochsommer unterwegs auf Pflanzensuche gewesen.
Höhepunkte der Züchtungen sind das frühe

Muttertagspelargonie ‘My Chance’ (oben) und typische Sukkulenz bei P. carnosum (rechts)

19. Jahrhundert, die späte Viktorianische Periode (ca. 1860), vor und nach dem 1. und 2. Weltkrieg 1900, 1920 und ab 1948 wieder.
Um 1800 fing die Begeisterung für die Zonalpelargonie an, auch Pelargonium x hortorum oder Scharlachpelargonie = Scarletpelargonie genannt. Es gab gärtnerische Wettbewerbe mit hochdotierten Ausstellungen und mit komplizierten Kulturverträgen. Es folgte eine Zeit der Publikationen, die bis 1830 dauerte.
Andrews, der 1805 ca. 100 Tafeln mit Text unter dem Titel „Geraniums" veröffentlichte, hat viel zur Altersbestimmung der Kulturformen beigetragen. Aus dieser Zeit stammt das meisterhafte Werk von **Robert Sweet,** der sich so gut er konnte unter den Hybriden aus Pelargonium zonale und Pelargonium inquinans zurechtfand, „Geraniaceae" I-V, 1820–1830, mit 500 Abbildungen. Ebenso befaßte sich **L. Trattinick** mit Edelpelargonien, „Neue Arten von Pelargonien deutschen Ursprungs" I-VI, Wien 1825–1843, 96 Beschreibungen, und auch **Reider** in Nürnberg, „Abbildungen und Beschreibungen der neuesten Pelargonien", I und II, 1829–1830, auch vor allem auf Pelargonium-grandiflorum-Hybriden bezogen.
1897 faßte der Franzose **Dauthenay** in seinem Buch „Les Géraniums" alle Zonalpelargonien zusammen und stellte eine neue Klassifizierung auf.
Im letzten Jahrhundert hat **Dr. R. Knuth** in „Englers Pflanzenreich", 1912 die Entwicklung und Morphologie der Pelargonien eingehend bearbeitet. Das Buch „Pelargoniums, including the popular Geranium" von Derek Clifford, 1958, liefert den letzten modernen Beitrag, in dem viele Züchtungen der vergangenen Jahrzehnte mit aufgeführt sind.

Wir sind dank dieser Werke über die Entwicklung der Pelargonien im vorletzten Jahrhundert gut unterrichtet. Was fehlt, ist ein Gesamtwerk über die letzten 45 Jahre der Weiterentwicklung in puncto Züchtungen, Gesellschaften und Sammlungen. Dabei ist den Gesellschaften und der Leidenschaft der Sammler sehr viel zu verdanken.
Ich habe viel von ihnen gelernt und in der Auseinandersetzung mit ihnen und auch aus Büchern meine Pelargonienkenntnisse vertiefen können. Auch von Gärtnern, die sich jeden Frühling neu um die Pelargonie bemühen, habe ich viel erfahren, von ihren Katalogen, die zum Teil in nächtlicher, mühseliger Auflistung entstanden und die gute Vergleichswerke sind.
Nachdem die Hybridisierung (Kreuzung) über lange Jahre mangels Kenntnissen dem Zufall überlassen wurde, erkannten die Gärtner im frühen 19. Jahrhundert den Vermehrungsprozeß und fingen gezielt an zu züchten.
Andrews machte in seinem „The botanists Repository“ auf die Unterschiede zwischen den botanischen Arten aus Südafrika und den Zufallstreffern im Garten aufmerksam. Robert Sweet schlug Pflanzen zur Züchtung vor, als ob er schon im vorhinein das Resultat kennen würde – mit großem Erfolg. Allerdings bemängelte er auch gleichzeitig, daß die alten Pelargonienarten immer rarer würden und nur noch Interesse an Hybriden bestand. Mit der Veröffentlichung seiner fünf Bände der Geraniaceae versuchte er das Interesse zu konservieren.
Aber selbst begeisterte Amateure wie Robert Jenkinson, der Schatzmeister der Royal Horticultural Society war, und Sir Richard Colt Hoare aus den berühmten Stourhead Gardens interessierten sich für beide: die botanischen Arten der Gattung

Gegenüberliegende Seite: Muttertagspelargonie 'Black Butterfly' mit faszinierender Zeichnung

Pelargonium und auch ihre Züchtungen. Aus dieser Zeit stammen die Vorläufer der Pelargonium-regale-Typen. 1850 war das Interesse an der Pelargonie auf dem Höhepunkt.
Es begann die Jagd auf Uniques (Besonderheiten), auf efeublättrige Pelargonien, auf buntblättrige Sorten und Blattdufter, und die meisten botanischen Arten wurden nur noch als Kuriositäten kultiviert. Was die Zonalpelargonien anbetraf, war der Geschmack der Engländer und Franzosen stark unterschiedlich. Während die Engländer niedrige Zonalpelargonien mit flachen Dolden, deren Blütenblätter sich überlappen, bevorzugten, schätzten die Franzosen Pelargonien, deren Petalen streng 2 : 3 (zwei obere und drei untere) abgegrenzt waren, am besten noch mit einem kräftigen Farbunterschied.
Auch die später entwickelten deutschen Sorten zeigten einen bestimmten Rassetypus. Beispielsweise zeichneten sich die Bornemannschen Sorten durch große, runde Blumen aus, reichblühend und von gutem Wuchs. Andererseits waren die Vorzüge der Neubronnerschen Reformatorrasse (Ulm) unverkennbar. Sie hatte niedrigen Wuchs, Blühwilligkeit und gute Haltung der Blüten. Dazu entwickelten diese Sorten ihre Blüte ungefähr in gleicher Höhe, während bei den älteren, französischen Sorten Wuchs und Blüteneinstellung unregelmäßiger waren. Neue Züchtungen kamen überall heraus, es gab eine Produktions-Explosion in vielen Teilen der Welt.
Mit der Kolonialisierung kamen die Pelargonien auch nach Amerika, wo sie wie andere Heimaterinnerungen geliebt und gehätschelt wurden, ähnlich wie in Australien. Viele Gärtnereien entstanden und mit ihnen viele amerikanische Sorten, allen voran die Martha-Washington-Pelargonie =

Pelargonium-regale-Sorten, eigene Duftpelargoniensorten und Zonalpelargonien, eigene Uniques und eigene Efeupelargoniensorten, immer gemischt mit den europäischen Züchtungen und den südafrikanischen botanischen Arten, deren Auflistung ein dickes Buch füllen würde.
In Europa gingen während der beiden Weltkriege viele alte Arten und Züchtungen verloren, sei es weil die Gärtner an die Front mußten und keiner sich um die Pflanzen kümmern konnte oder weil die Gewächshäuser ohne Strom waren oder durch Feuer und Bomben zerstört wurden. Hinzu kam, daß es schwer war, in diesen Zeiten die Ordnung, die eine Kultur verlangte, aufrechtzuerhalten. Häufig waren die Namensschildchen nicht mehr am richtigen Ort, oder sie gingen verloren.
Nach dem Zweiten Weltkrieg blühte das Interesse an der Pelargonienkultur wieder auf, an den Züchtungen oder auch botanischen Arten, aber am meisten an Zonalpelargonien und an Efeupelargonien. Nebenbei fand sich immer die Rosenpelargonie, Pelargonium graveolens, die sich als einzige Duftpelargonie konstant bei ihren Besitzern hielt.
Großgärtnereien nahmen sich nach dem Zweiten Weltkrieg der Pelargonie und ihrer marktgerechten Verteilung an. Zurückgeblieben waren Gärtnereien, die noch Mutterpflanzen züchteten und diese dann zu verkaufsfähigen Pflanzen heranzogen.
Betriebswirtschaftliche Gründe zwingen die gärtnerischen Betriebe zur Spezialisierung. Bei den Pelargonien heißt es, daß der eine Betrieb in großen Mengen gesunde Stecklinge heranzieht, der andere die Jungpflanzen produziert und der dritte daraus marktgerechte Pflanzen kultiviert. Die kommerziell ausgerichtete Züchtung wird dabei

Fantasiepelargonie 'Fringed Aztec'

vom Stecklingsproduzenten übernommen, der den Markt über Lizenznehmer versorgt.
Heute findet die Pelargonie weltweit Verbreitung, mit dem Vorteil, daß immer weiter gezüchtet wird, die Pflanzen immer krankheitsresistenter werden, neue Sorten auf den Markt kommen und die Preise für jedermann erschwinglich sind. Allein die Folge wird sein, daß immer mehr Sorten aus den Gärtnereien verschwinden, wenn sie eine Zeitlang nicht im Trend liegen. So fällt es heute schon schwer, typisch deutsche Balkonpelargonien, z. B. Zonalpelargonium 'Alex' oder Pelargonium 'Brillant' zu finden. Soll verhindert werden, daß dieses Kulturgut für immer verschwindet, muß über Liebhabervereine, über Gartenzeitschriften, Ausstellungen und Sammlungen ein Umdenken eingeleitet werden.
Wenn die Kundinnen und Kunden wieder bereit sind, für etwas Besonderes auch mehr zu bezahlen, dann werden die Gärtnereien neben den gängigen Sorten auch wieder Pelargonien anbieten, die bereits unsere Großeltern erfreuten – nicht ohne Grund!

Rosenpelargonie P. graveolens – ein Dauerbrenner

John Tradescant, der im Zusammenhang mit Pelargonien häufig erwähnt wird, war früher, 1632, als Kap-Gouverneur im Besitz einer Pelargonie, genannt 'Geranium indicum Noctu Odoratum' (Thomas Johnson, 1633). Er hatte sie von seinem Freund René Morin, einem Gärtner in Paris, zusammen mit einer Menge Samen bekommen. Hierbei handelte es sich um das Pelargonium triste, eine Knolle, deren Blüte nachts wunderbar duftet und der die braungelbe Blütenfarbe den „traurigen" Namen eingebracht hat. Da der richtige Naturstandort nicht bekannt war, hielt man sie für eine Knolle aus Indien, denn die Destination der Schiffe war meistens Indien oder Java.
Auch der Name **Henry Compton,** damals Bischof von London, wird häufig genannt. Er war für seine Leidenschaft für Blütenpflanzen bekannt und besaß schon im 17. Jahrhundert Pelargonium inquinans und Pelargonium zonale. Bei ihm im Garten entstand das erste Pelargonium hybridum, ein Naturhybrid (Zufallskreuzung), die Startpflanze für das Interesse an Züchtungen mit Zonalpelargonien.
Die **Herzogin von Beaufort** war als erste im Besitz von Pelargonium peltatum, dem Efeugeranium, das 1701 bereits nach Europa gebracht worden war, nachweislich von ihr selbst.
In der Schweiz war seit 1715 ein afrikanisches Geranium hermanni (Hermann Christ, 1916) in Kultur. **Paul Hermann** hatte zwischen 1671 und 1679 als Schiffsarzt der Holländischen Ostindien-Handelsgesellschaft am Kap haltgemacht und Pelargonien gefunden. Sein Reiseziel war das heutige Sri Lanka, und er war bekannt als sehr seriöser Botaniker, der sich auf Pflanzensuche und das Anlegen von Herbarien verstand. Er schickte viele

Pflanzenexemplare der Kapflora nach Europa. Sie existieren zum Teil heute noch und sind mit Original-Beschreibungen versehen.

Aus dieser Zeit stammten auch zwei Pelargonienbilder von **Jacob Breyne,** der 1678 von Hermann Samen erhalten hatte. Nachdem Hermann wieder in Holland war, wurde er zum Botanikprofessor berufen. Dort widmete er seine Studien dem Garten in Leyden. Seine erste Pflanzenliste enthielt neun Pelargonien, die auch heute noch bekannt sind. Ganz sicher ist Pelargonium hermannifolium nach ihm benannt worden, aber erst nach seinem Tod.

Bereits 1690 trafen bei **Jan Commelin,** dem Kurator des neuen Botanischen Gartens in Amsterdam, die ersten Pelargonien ein. Zwei Jahre später verzeichnete er nochmals zwei neue Pelargonienarten. Commelin ließ die Pflanzen vom Hauskünstler des Botanischen Gartens, Jan Moninckx (Atlas 5, 1682–1720) abbilden. Es handelte sich dabei um Pelargonium zonale, benannt nach der dunklen Zonierung auf den Blättern. Als Jan Commelin 1698 starb, vollendete sein Neffe **Caspar Commelin** sein Werk. Zehn weitere neue Pelargonienarten kamen bis 1710 dazu.

Der Nachfolger von Caspar Commelin, **Johannes Burman,** war der erste, der 1738 für die afrikanischen Geranien den Namen Pelargonium verwendete. Weder Linnaeus, der kurz danach sein Werk „Species Plantarum“ mit der Einführung des Doppelnamensystems veröffentlichte, noch Burmans Sohn Nicolaas hatten den Mut, den Namen Pelargonium weiter im Sinne J. Burmans zu verwenden, und so dauerte es nochmals 40 Jahre, bis dieser Name festgelegt wurde.

Ebenso wie botanische und königliche Gärten gab es auch einige reiche und an Pelargonien interes-

sierte Amateure, die Gärtner beschäftigten und eine eigene Gartenkultur entwickelten. Zu ihnen gehörte der Apotheker **James Sherard,** der eine Gartenanlage in Eltham in Kent mit einem großen Raritätengarten unterhielt. Er stellte den deutschen Botaniker **Johann J. Dillenius** ein. 1732 veröffentlichte er, inzwischen als Botanikprofessor der Oxford University emeritiert, ein Werk mit dem Titel „Hortus Elthamensis", das eine Anzahl afrikanischer Pelargonien aus dem Garten des Dr. Sherard in London beschrieb.
Während der zweiten Hälfte des 18. Jahrhunderts finden wir verschiedene Botaniker, die bemerkenswerte Arbeiten über Pelargonien veröffentlichten. Z. B. **Nikolaus Jacquin,** ein Botaniker und Künstler, Professor in Wien. 1787 war es **Antonio Cavanilles** aus Madrid, der siebzig Pelargonien in schwarz-weiß illustrierte.
Francis Masson war schottischer Gärtner und kam 1772 am Kap der Guten Hoffnung an. Das berühmte Pelargonium grandiflorum, damals Geranium grandiflorum, von Masson 1794 nach Europa gebracht und nach seinen großen Blüten benannt, diente als Elternteil für die späteren Edelpelargonien, die 'Géraniums des Fleuristes'.
Zu dieser Zeit führten schon einige Routen ins Hinterland des Kaps, und er konnte seinem Auftrag, nach Samen und Pflanzen zu suchen, sehr gut nachkommen. Er blieb zwanzig Jahre und sammelte Hunderte von Pflanzen, von denen die neuen Pelargonienarten im „Hortus Kewensis" aufgeführt wurden und die L'Heritier illustrierte. Er lernte auf seinen Exkursionen eine Menge anderer Botaniker aus Schweden, Deutschland und anderen Nationen kennen.

Die Mutter aller Zonalpelargonien: P. inquinans

Afrika selbst blieb fast bis ins 19. Jahrhundert ein im Innern unbekannter Erdteil. Die Araber, welche dort schon seit langer Zeit Handel trieben, verschlossen aus wirtschaftlichen Gründen den Zugang ins Landesinnere. Sie verbreiteten aber afrikanische Pflanzen im Mittelmeergebiet.
Die Portugiesen brachten Pflanzen von ihren Stützpunkten schon im 16. Jahrhundert auf ihre Inseln im Atlantik. Einige Arten der Pelargoniengattung sind auf Madeira und den Kanaren verwildert anzutreffen. Neuseeland, Australien, die Inseln St. Helena (dort findet man Pelargonium inquinans) und Tristan de Cunha und die Türkei (Pelargonium endlicherianum, benannt nach dem Pressburger Professor und Direktor des Botanischen Gartens in Wien, Stephan Ladislaus Endlicher) haben Gebiete, in denen vereinzelt Pelargonienarten zu finden sind.
Bei Australien und Neuseeland nimmt man an, daß die Samen im Ballast-Sand der Schiffsböden oder in der Schiffsladung aus Südafrika mitgekommen sind und sich an Ort und Stelle dem Klima und den Gegebenheiten angepaßt haben. Als Beweis dient Pelargonium capitatum, das sich entlang der Küste der Botany Bay, dem Ankunftsort vieler Schiffe, ausbreitete. Auch auf der Kurnellinsel ist es verstreut zu finden. Es gibt in Australien sieben verschiedene botanische Arten, darunter das bekannte Pelargonium australe, eine krautige Rosette mit rosa oder weißen Blüten.
Mit der australischen Koloniengründung von 1788 und der ständigen Ankunft von Siedlern war es nur natürlich, daß die geliebten Pflanzen von daheim auch im neuen Domizil wachsen sollten, und innerhalb kürzester Zeit „erblühte“ Sydney in Pelargonien. Sie fühlten sich in dem australischen Klima so wohl, daß sie zu Hecken heran-

wuchsen, die dick und undurchdringlich waren (Pelargonium inquinans).
Um 1826 kam der Londoner Gärtner Thomas Shepherd nach Sydney. Gouverneur Darling erkannte die Notwendigkeit des Gemüse- und Früchte-Anbaus für seine Landsleute und stellte Shepherd ein großes Areal dafür zur Verfügung. Er nannte sie die Darling Nursery, und obwohl Shepherd nach neun Jahren starb, wurde die Gärtnerei weitergeführt, auch mit vielen verschiedenen Pelargonien. Um 1860 war schon eine Menge Pelargonienhybriden aus England und Europa eingeführt worden, und an Ort und Stelle wurde auch gezüchtet, wie z. B. P. 'Maid of Tasmania', P. 'Mayor of Melbourne', Sorten, die schon an ihren Namen als australische Züchtungen zu erkennen sind.
Am bekanntesten in Europa sind die Stellar-Sorten, von Ted Both aus Adelaide, Australien, gezüchtet, mit ihren bizarren Blüten und sternförmigen Blättern. Sie kommen heutzutage in vielen Sammlungen europäischer Pelargonienliebhaber und sogar wieder im Handel vor.

Stellarpelargonie 'Vancouver Centenniel' (oben und Titel) sowie die kaktusblütige Zonalpelargonie 'Red Spider' (rechts)

Der Transport

Vor der Erfindung der Ward-Transportkiste mußten Pflanzen auf ihrem Weg nach Europa ständig beaufsichtigt werden. Kleine Fässer mit Regenwasser wurden auf den Schiffen mitgeführt, und wenn es sich dabei um Pflanzen für den König handelte, so wurden diese bevorzugt gegossen. Erst wenn diese genug Wasser hatten, bekamen die übrigen Pflanzen ihren Teil. Spritzwasser aus dem Meer mußte wegen des Salzes sofort abgewaschen werden. Dabei gingen die Schiffsmannschaften häufig grob mit den Pflanzen um. Was dann endlich das Ziel erreichte, war häufig nicht mehr zu gebrauchen.

Das veranlaßte die zukünftigen Besitzer, Preise für gesund angekommenes Pflanzmaterial auszusetzen. Masson bekam zum Beispiel 100 £ pro Jahr für gute Pflanzenlieferungen, und ihm wurde eine Rente zugesichert, damit er seinen Lebensabend in Bequemlichkeit und Achtung in seiner Heimat verbringen konnte. Masson starb allerdings in Kanada auf einer botanischen Expedition. Wie er erlagen viele seiner Kollegen häufig unbekannten Krankheiten, nur ganz wenige erlebten einen friedlichen Lebensabend in ihrem Heimatland.

Die Erfindung der Ward-Pflanzenkiste erleichterte den Transport der Stecklinge und Pflanzen ungemein. Sie sah aus wie eine kleines Gewächshaus, der Boden und die Seiten waren aus Holz, und darüber war ein spitzes Glasdach montiert, das für die Lüftung mit einem 5 cm großen Loch versehen war. Die Kiste, nach ihrem Erfinder Dr. Nathaniel Ward, einem Arzt aus London, benannt, hielt Temperaturunterschiede von plus 39 Grad bis minus 7 Grad aus. Geschützt vor Spritzwasser, mit Licht und konstanter, mäßiger Flüssigkeit, die immer wieder an den Wänden kondensierte, versorgt, überstanden die Pflanzen auch sehr weite

Reisen, sogar von China oder von Brasilien. Die Wardkisten waren von 1834 an in Gebrauch, bis Flugzeuge die Aufgabe übernahmen und so den Seetransport überflüssig machten.

Die berühmte Ward-Kiste

1780 etwa gab es schon drei Großgärtnereien, die in London Pflanzen aus Südafrika verkauften. Die Nachfrage der reichen Kundschaft war groß und die Aussicht auf gute Geschäfte dazu. Die Pflanzen wurden durch Organisationen bekannt gemacht, und die Pflanzenjäger kamen kaum nach, genug Pflanzen zu bringen, um die Gewächshäuser der Reichen zu füllen:

- **James Colvill** eröffnete eine Gärtnerei an der Kingsroad in Chelsea und verkaufte neben afrikanischen Knollen wohl auch eine Menge Pelargonien. Robert Sweet war dort als Vorarbeiter angestellt und konnte Material für seine fünf Geranienbände sammeln.
- **Andrew Henderson** war sein Konkurrent, der am Pine Apple Place in der Edgewardstraße eine Gärtnerei mit Pelargonien führte.
- Die Vineyard-Gärtnerei von **Lee und John Kennedy** in Hammersmith war auf australische Pflanzen spezialisiert, die nach der Entdeckung Australiens durch Captain Cook und Joseph Banks England erreichten, darunter Pelargonium australe. Diese Gärtnerei belieferte auch die Kaiserin Josephine in Malmaison in Frankreich. Henry Andrews, von Beruf Künstler, heiratete die Tochter des Mitbesitzers J. Kennedy und hatte so Zugang zu einer Menge Pflanzenmaterial für seine Pelargonienbilder.

Ein Gewächshaus voller Pelargonien

Heute ist es für uns schwer verständlich, daß die Pelargonie einmal eine Rarität war, ein begehrliches Objekt und auch ein wirtschaftliches Risiko. Wenn man bedenkt, daß es allein über 280 verschiedene botanische Pelargonienarten in den unterschiedlichsten Gebieten gibt, im Gebirge wie in der Savanne, an Flußufern wie in der Wüste, so staunt man sehr über die Anpassung dieser Pflanze über Jahrhunderte hinweg an ihre Naturstandorte.
Zur Gattung Pelargonium gehören neben den Geophyten und Sukkulenten auch kraut- und strauchartige, kriechende oder aufrecht wachsende Arten. Ganz sicher ist die Anpassungsfähigkeit dieser Pflanze auch für Linné der Grund seiner Verwirrung gewesen, in der er angesichts der trockenen Exemplare mit Schnäbeln aus der Kapprovinz glaubte, sie ohne weiteres der Gattung der wohlbekannten Storchschnäbel zuordnen zu können.
Eine unglückliche Verwirrung, die in der Umgangssprache mehr als zwei Jahrhunderte lang herrschte, bis sich der französische Jurist und Botaniker Charles Louis L'Heritier in Paris mit der Systematik der Geraniengewächse beschäftigte. Er schrieb 1792 eine „Geraniologia“, nannte die Südafrikaner „Pelargonien“ und machte sie somit zu den eigentlichen Storchschnäbeln (pelargos = schwarzweiß wie Storch, geranos = Kranich). Leider wurde er, bevor ein Teil seines Werkes veröffentlicht werden konnte, ermordet. Er beschrieb darin fast neunzig Pelargonienarten, die meisten waren 1789 in Aitons „Hortus Kewensis“ erwähnt. Er hatte mit Cavanilles und anderen zeitgenössischen Botanikern korrespondiert und auch in England gearbeitet.

Schön anzusehen: die Pelargoniensammlung vorm Haus

Zwei Familienmitglieder der Geraniaceae

Gattung	**Geranium**	**Pelargonium**
Art	lat. Namen	lat. Namen
Sorte	'Name'	'Name'
Herkunft	heimisch	Südafrika
Blütenform	um die Mitte geordnet	zwei zu drei
Blütenfarbe	auch Blau	kein Blau
Wuchs	krautig, Staude	viele Formen
Vermehrung	Schleuder-mechanismen	Windverbrei-tung
Sukkulenz	selten	häufig
Winterhärte	winterhart	nicht winter-hart

Da beide aus der Familie der Geraniaceae sind, darf es ruhig auch mal für beide der Name Geranium sein. Botanisch korrekt ist für unsere Balkongeranien der Name Pelargonium, und er sollte mit dem erneuten Auftauchen der Duftpelargonien neben den Zonal- und Efeusorten im Handel wieder zur korrekten und gebräuchlicheren Bezeichnung werden. Er umfaßt mehr Arten und Sorten als nur die Balkongeranien und beugt so besser Mißverständnissen vor.

Pelargoniensamen werden vom Winde verweht.

Pelargonien sind botanisch hochinteressante Pflanzen. Bei vielen unserer heutigen Sorten beobachten wir auf den oberen Blütenblättern dunkle Saftmale (Flecken), die den Insekten den Eingang zur Nektarröhre weisen. Bei sehr vielen Pelargoniensorten finden wir diesen „Honigsporn", wie er genannt wird, mit dem oberen Kelchblatt verwachsen. Dieses Kelchblatt ist etwas größer und mehr rötlich als bräunlich gefärbt. Der sich anschließende Honigsporn läuft in der gleichen Farbe am Blütenstiel entlang, wo er oft erst kurz vor dem Stielende in einem Höcker endet.

P. fulgidum – für Züchtungen ideal

Man nimmt an, daß der Honigsporn ursprünglich ein selbständiges Organ war, das ungebetene Besucher fernhielt. Er ist erst später mit dem Blütenstiel verwachsen. Nicht alle heutigen Sorten tragen den Honigsporn oder die Flecken auf den oberen Blütenblättern deutlich erkennbar, aber mit Lupe und scharfem Messer findet man zumindest die Ansätze dazu.

Auch sonst tut die Pelargonie alles, um den Insektenbesuch zu fördern. So fehlen den unteren drei Staubblättern die Staubbeutel, wodurch den besuchenden Insekten eine Sitzgelegenheit geboten wird. Die Staubbeutel verfügen über Kippvorrichtungen und überschütten so die sie besuchenden Insekten mit Blütenstaub.

Ferner sind die Pelargonienblüten durchweg vormännlich (proterandrisch), d. h. die Staubbeutel reifen früher als die Stempel, die erst später ihre fünffädigen Narben gleich einem Seestern ausbreiten. Durchschnittlich findet man 2–7 Staubgefäße. Der Fruchtknoten besitzt fünf Fächer, in denen je ein bis zwei Samen gebildet werden. Bei der Reife löst sich das Samenkorn vom Fruchtboden, während die lange, behaarte Granne zunächst noch an der Schnabelspitze hängenbleibt. Schon in dieser

Lage beginnt die Granne auf die Feuchtigkeit der Luft zu reagieren und krümmt sich bei Trockenheit korkenzieherartig. Auf den Boden gefallen, vermag sie durch diese Bewegung das Samenkorn in den Boden zu bohren. Dieses Rollen der Grannen entsteht dadurch, daß ihre äußeren Zellen bei Trockenheit stärker eintrocknen als die inneren, wodurch die Spannung hervorgerufen wird.
Das Aufblühen der Blütenstände vollzieht sich sehr merkwürdig. Obschon der Blütenstand äußerlich wie eine Dolde aussieht, kann er doch nicht zu dieser Blütenform gehören, da sein Aufblühen von der Mitte her erfolgt, während die Dolden vom Rande her beginnen. Man nimmt daher an, daß es sich bei der Pelargonienblüte um einen gestauten Wickel handelt, bei dem sich die einzelnen Blüten nebeneinander und nicht übereinander entwickeln.
Damit sind die Besonderheiten der Pelargonie noch nicht erschöpft. Fast alle Sorten besitzen an den Blättern neben den normalen Haaren auch rundköpfige Drüsenhaare, die den ölartigen Inhalt beherbergen, der die Pelargonie zu einer Nutzpflanze werden ließ. Es besteht die Meinung, daß die Drüsenhaare die Pelargonie vor Tierfraß schützen sollen oder aber der Aufnahme von Nachttau dienen können, was in der Trockenzeit in Südafrika große Bedeutung haben würde.
Die dritte Erklärung wäre, daß die gesamte Pelargonie bei starker Sonneneinwirkung durch Abgabe des öligen Sekretes in die nähere Umgebung einen feinen Nebel um sich herum bildet, dessen Tröpfchen die Sonnenstrahlen brechen und von der Pflanze ablenken. Die Sekretzellen liefern neben dem „Geranol“ noch verschiedene andere Inhaltsstoffe, sogenannte Monoterpene, die für fruchtige und harzige Düfte, je nach Zusammen-

setzung auch für unangenehme Düfte verantwortlich sind.
Die Pelargonie bildet häufig dicke Stengel aus, die nicht selten schleimige Bestandteile enthalten. Auch verholzen viele Arten im unteren Stengelbereich, zum Schutz vor starker Verdunstung. In ihrer Heimat sind die Pflanzen gezwungen, lange Trockenperioden zu überstehen und Feuchtigkeit zu speichern, was häufig auch noch die Blätter mit übernehmen. Entsprechende Blattsukkulenz finden wir bei den Hängepelargonienblättern, den Pelargonium-peltatum-Abkömmlingen.
Bricht man ein Blatt dieser Sorte durch, sieht man den Blattsaft heraustreten, der über trockene Perioden die Pflanze versorgt.
Die Blätter der Pelargonienarten und -sorten haben schildförmige, gelappte oder zerteilte Formen und variieren von winzig bis zu Tellergröße. Sie können glatt, behaart oder schmirgelartig sein und zeigen deutlich ihre gewünschten Standort- und Kulturbedürfnisse.
Bei den Zonalpelargonien finden wir auf den Blättern häufig einen braunen Ring, der durch Überlagerung einer rot- und einer grünfarbigen Zellschicht entsteht. Deutlich ist das bei den Buntblattpelargonien zu erkennen, bei denen sich durch Chlorophyllmangel die Überlagerung der beiden Schichten in Weiß oder Rot trennt. So kommt es zu verschiedenfarbigen Blättern, deren unterschiedliche Blattmuster den Sorten den Namen geben. Man kann gut ein Pelargonium 'Mr. Henry Cox' von einem Pelargonium 'Mrs. Strang' an ihren unterschiedlichen „Schwächen" und dazu natürlich an der Blütenfarbe und ihrem Wuchs unterscheiden.

Kugeldolde mit aufgeblühten Knospen bei der Zonalpelargonie 'Jewel'

Die Buntblattpelargonien 'Fair Dinkum' (oben) und 'The Czar' (rechts)

Knollenpelargonien (Geophyten)

Von den ersten Pelargonientransporten her wissen wir, daß es Arten gibt, die einen kräftigen Wurzelspeicher entwickeln. Versucht man am Wildstandort in Südafrika einem Pelargonium-triste-Stiel zu folgen, findet man in 15 Zentimeter Tiefe eine große, birnenförmige Knolle, die sogar noch mit kleinen Nebenknöllchen verbunden ist. Oder man trifft bei der kaugummiduftenden Pelargonium mollicomum auf viele kugelrunde Knöllchen, ähnlich einer Kartoffelknolle.
Auch findet man ganz fleischige Wurzelbündel wie bei Pelargonium lobatum oder Rhizome, die mit kleinen Knollen verbunden sind. Sind es ältere Pflanzen, so sind diese Knollen von einer borkigen Rinde umgeben. Ein dermaßen geschützter Wasserspeicher übersteht sämtliche Flächenbrände, die häufig in Trockengebieten auftreten. Diese Pelargonien brauchen Holzkohlenasche, wie die Karotten im Garten, und sie erhalten sie bei den Steppenbränden durch oberirdisch abgebrannte Pflanzenreste.
Sie werden „Geophyten" genannt, und man behandelt sie wie andere Knollenpflanzen: Wenn die Blätter eingezogen sind, nimmt man sie aus der Erde und lagert sie trocken und dunkel. Sobald der Herbst da ist, werden sie zu zwei Dritteln in sandige, durchlässige Erde getopft und ans warme Fenster gestellt. Kein Wasser geben, bis nach geraumer Zeit die Rinde abplatzt und sich am langen Stengel ein Blatt entwickelt. Vorsichtig mit dem Gießen anfangen, es folgen weitere Blätter und dazu lange Blütenstiele mit Blütendolden, die abends intensiv duften. Bei manchen Arten entwickeln sich zuerst die Blüten und dann die Blätter.
Zu einer Pelargoniensammlung gehören sie ebenso wie die Sukkulenten. Die folgenden Arten und Sorten sind eine kleine Auswahl:

- Pelargonium triste, blaßgelbe Blüte, karottenartige Blattrosette, Marzipanduft
- Pelargonium lobatum, schwarz-gelbe Blüte, große dunkelgrüne Blattrosette, süßer Jasminduft
- Pelargonium sidoides, dunkle, braunviolette Blüte, viele kleine graugrüne Blättchen, Honigduft
- Pelargonium x ardens, dunkelrot/hellrote Blüte, großes gezahntes Blatt, kein Duft
- Pelargonium mollicomum, cremefarbene Blüte, kräftiges grünes Blatt mit Fruchtkaugummiduft
- Pelargonium pulverulentum, kräftiggelbe Blüte, große grüne Blätter, süßer zimtiger Duft

Blüte des Geophyts P. auritum ssp. auritum

Geophyt P. sidoides – ein Heilmittel

Sukkulente Pelargonien

Die Gattung Pelargonium ist besonders reich an Stammsukkulenten, und man würde nie denken, daß eine Verwandtschaft zwischen ihnen und unserer Balkongeranie besteht. Wenngleich die Sproßachsen von Balkonpelargonien etwas fleischig sind, so sind es keine Sukkulenten im engeren Sinn. Sie brauchen mehr Wasser, Sonne oder Halbschatten, um ihre großen Blüten zu entfalten. Anders ist das bei den hochsukkulenten Arten, die geringe Wasseransprüche haben, aber sehr viel Sonne und Wärme brauchen. Im Sommer tut ihnen eine Ruheperiode gut, denn sie entwickeln ihre Blätter und Blüten meistens erst im Winter.

Der Wuchs dieser Sukkulenten ist bizarr. Es sind kleine und größere Sträucher mit angeschwollenen Stämmchen, mit dickem Korkmantel oder Wachspanzer. Sie bilden Scheindornen, die entweder verdornte Nebenblätter (Pelargonium echinatum), persistierende Blattstiele (Pelargonium spinosum) oder verholzende Blütenstände (Pelargonium crithmifolium) sind. Ihr Naturstandort ist die trockene Halbwüste, die Felsspalte und der steinige Hang. Also paßt ihnen ein lockeres, sandig-humoses Substrat in Kultur, ähnlich wie für Kakteen, und viel Licht.

Die Vermehrung erfolgt durch Samen, bei manchen Arten auch durch Stecklinge, die man in lehmig-sandigen Boden steckt, wo sie einen festen Stand haben und langsam Wurzeln entwickeln.

Hier sind fünf ihrer häufigsten Vertreter:

Pelargonium echinatum

Ein kleiner, niedriger Strauch, der mit wenig verzweigten Ästen und verdornten Nebenblättern bedeckt ist. Er entwickelt im Frühjahr langgestielte Blätter mit silbrig behaarter, herzförmiger Spreite. Die auffallend weißen Blüten mit rotgepunkteten Kronblättern stehen zu mehreren in doldigen Blü-

P. echinatum – sukkulent und borstig

tenständen. Die Sorte Pelargonium echinatum 'Stapeltoni' hat pinkfarbene Blüten mit roten Punkten, und sie sieht zusammengepflanzt in einem Topf mit der weißen Pelargonium echinatum auffallend hübsch aus.

Pelargonium crithmifolium

Eine Felsspaltenpflanze, die 1 m hohe Kugelbüsche bildet. Ihre Blätter sind fleischig und 8–10 cm lang, fiedrig gelappt und lang gestielt. Sie bilden eine Rosette, die am Ende der dicken, fleischig-graugrünen Äste steht. Kleine, weiße Blüten stehen in reichen Blütendolden zusammen, die verholzen und mehrere Jahre erhalten bleiben. So erhält die Pflanze ein recht bizarres Aussehen, und man sollte in Kultur die Blütenstiele belassen.

Pelargonium carnosum

Ein graugrünes Stämmchen mit kurzgestielten, nicht sehr stark geschlitzten Blättern, mit weißen Blüten an langgestielten Dolden. Pelargonium carnosum ist hochsukkulent und in Südwestafrika verbreitet.

Pelargonium tetragonum

Pelargonium tetragonum ist eine raschwüchsige, durch Stecklinge leicht zu vermehrende Art. Sie ist großblütig, ihre vier Blütenblätter stehen je zu zweit weit auseinander und wirken an den Enden der drei- bis vierkantigen Stengel auffallend exotisch. Sie sind mit weißen oder rötlichen, purpurgenervten Kronblättern zu finden. Die herzförmigen Blätter erinnern stark an die der Zonalpelargonie, sind aber lang behaart und stehen an den Knoten der leicht eingeschnürten Sproßglieder meistens zu zweit. Ihre Stengel sind lang und dunkelgrün. Leider brechen die Stengel häufig bei Transporten der in Kultur gezogenen Pflanzen. Man findet sie in feuchteren Gebieten der südöstlichen Kapprovinz, wo sie große Büsche bildet.

P. tetragonum – sukkulent und exotisch

Der Begriff „F1-Hybriden“ bezeichnet die erste Tochter-Generation nach den Elternpflanzen und wird in der Botanik allgemein verwendet, ist also kein pelargonienspezifischer Ausdruck. Aus der Vererbungslehre sei nur noch einmal in Erinnerung gebracht, daß es dominante und rezessive Eigenschaften gibt und daß erst eine zweite Generation der Hybriden „F2“ für mehr Sicherheit und Stabilität im Aussaatresultat sorgt.
Je nach Verschiedenheit der Elternpflanzen ist das Resultat der F1-Hybriden-Aussaat sehr gemischt. Andererseits ist die Wahrscheinlichkeit groß, daß bei gleichen Elternteilen (z. B. beide Blüten rot mit weißem Auge) die F1-Hybriden mehrfach dieselben Merkmale aufweisen.
Warum überhaupt F1-Hybriden? Es ist generell den Gärtnern zu verdanken, daß die Pelargonie ihre Monopolstellung im europäischen Handel trotz großem Pflegeaufwand und hohem Preis halten konnte. Unsere Ahnen liebten diese Pflanze in ihren Teppichbeeten und Arrangements, und je anspruchsvoller die Pelargonien-Motive waren, desto größer war ihr Stolz.
Mit der Wende zum 20. Jahrhundert hatte sich aber die Mode geändert, und andere Pflanzen eroberten den Markt. Deren Vorteil: Die teure Erhaltung und Überwinterung der Mutterpflanzen zur Stecklingsgewinnung fiel bei den aus Samen oder Knollen gezogenen einjährigen Pflanzen weg. Nach langen Jahren der Züchtungsarbeit erhielt **Professor Craig** 1965 die ersten F1-Hybriden, die sicher keimten und sich schnell entwickelten (drei bis fünf Monate), und machte die Pelargonien damit wieder stärker konkurrenzfähig.
Sie sind sehr robust, trotzen Viren und Krankheiten, blühen mit großen Blüten und gutgezonten Blättern. Der einzige Nachteil: Es gibt keine ge-

füllten Blüten, keine botanischen Arten, und dazu kommt die Aufzuchtarbeit mit Aussaatschalen, Aussaaterde, pikieren, Pelargonienerde und Töpfen, und vor allem wurden Platz und Licht benötigt. Samenvermehrte Serien sind Ringo, Sprinter, Chérie etc.

Wegen der großen Nachfrage nach immer gleichen Pelargonien und nach großen Mengen wurde die Meristem-Kultur ein lukratives Geschäft. Dabei werden die Keimzellen in den Blattachsen isoliert und auf Nährboden vermehrt. Leider verliert sich dabei die spannende Vielfalt dieser Pflanze, und es geht dabei vor allem um die Massenproduktion von wenigen, ausgewählten Sorten. Diese werden durch Mode und Nachfrage bestimmt und sichern somit ein gutes Einkommen.

Seltsamerweise kann man Duftpelargonien nicht Meristem-vermehren: Sie verlieren ihren Duft dabei und damit das Reizvolle!

Die Stecklingsvermehrung findet heute überwiegend durch Großbetriebe statt, die ihre Kulturen in südlichen Gegenden wie z. B. auf Gran Canaria ansiedeln. Dort haben die Mutterpflanzen ideale Klimabedingungen, was zu starker Stecklingsbildung führt.

Per Flugzeug werden die frisch geschnittenen Stecklinge, auf Eis gelagert, an die weltweiten Lizenznehmer verschickt und sofort nach Ankunft in vorbereitete Kulturplatten gesteckt.

Bekannte Traditionsbetriebe wie Elsner in Dresden und Fischer in Hillscheid kommen jährlich mit Neuheiten und Verbesserungen heraus, und durch das große Netz ihrer Lizenznehmer finden ihre Sorten weltweite Verbreitung. Sie sind krankheitsresistenter. Dies war ein Makel, den man den alten Sorten häufig anlastete. Sie können sich immer der Mode anpassen und den momentanen Be-

dürfnissen der Kunden, sei es bei der Blütenfarbe oder dem Wuchs. Auch das Bedürfnis nach ausgefallenen Sorten wird dabei berücksichtigt.
Einige Züchter, die im letzten Jahrhundert im alten Stil in Deutschland züchteten:

- Niebisch aus Dresden-Görlitz mit 'Urania', 'Altmeister Niebisch',
- Ander aus Seifhennersdorf mit 'Fritz Ander', 'Martha Ander', 'Hannchen Ander'
- Betz aus Schwäbisch Gmünd mit 'Geigerlein von Gmünd'
- Wehrenpfennig aus Quedlinburg, 'Gruß von Quedlinburg', 'Harzzauber', 'Hauptmann Köhl'
- Steube aus Hamburg-Eidelstedt mit 'Holstein', 'Martha Süptitz', 'Balkonkönigin'
- Hartmann aus Kreuznach mit 'Orangesonne'
- Königer aus Aalen mit 'Sophie Königer'
- Leo Schmidt aus Münster mit 'Stadtrat Robert'
- Neubronner & Co. aus Ulm mit 'Achievement', 'Deutsche Einheit', 'Gruß an die Saar', 'Gnom', 'Lerchenmüller', 'Leuchtkugel', 'Ökonomierat Riegler', 'Ulmer Brillant', 'Schöne Ulmerin', 'Tannenberg'
- Schütte aus Oberhausen mit 'Hönnestolz', 'Hönneperle', 'Hönnefrühling'

und viele andere, von denen es sicher eine Menge zu erzählen gäbe ...

Ahnentafel der wichtigsten Hybrid-Pelargoniengruppen, vereinfacht

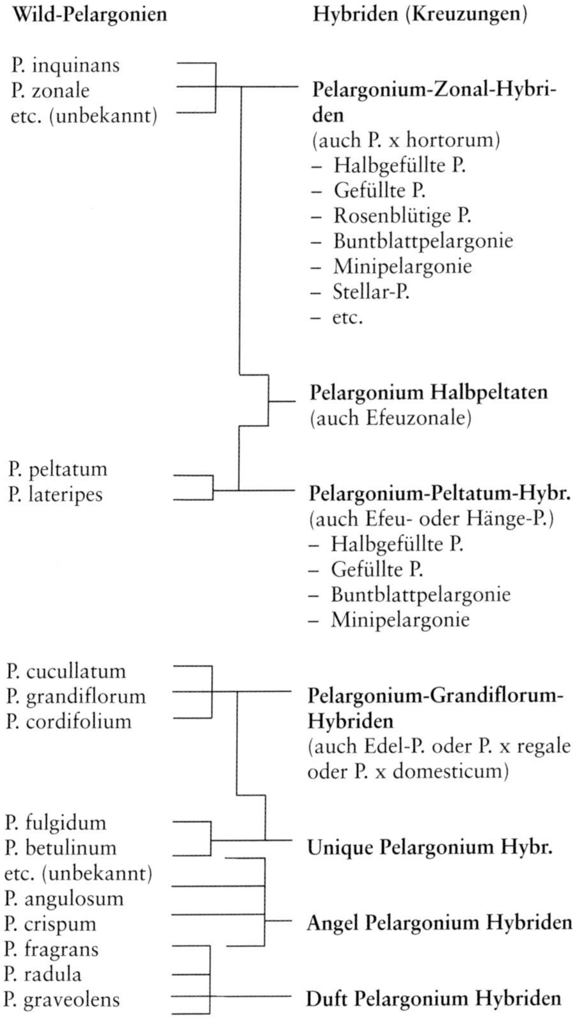

Angelpelargonie 'Little Blakenham'

Duftpelargonien und Kräuter sind Seelenverwandte.

Die wichtigsten Züchtungspelargonien

Generell kann man sagen, daß Holland, England und Frankreich die ersten Länder waren, in denen im 17. Jahrhundert Pelargonien nachweisbar auftauchten. Zu dieser Zeit gab es dort schon 50 verschiedene Pelargonienarten in Kultur, und zwischen 1700 und 1800 trafen nach und nach alle wichtigen Pelargonien, die zu Züchtungszwecken verwendet werden konnten, ein. Dabei sind ca. 20 Arten, mit denen sich gut kreuzen läßt und die international eine große Bedeutung für die Pelargonienzüchtungen haben: Sie tauchen in irgendeiner Form in den Hybriden immer wieder auf, und bei genauem Untersuchen finden sich ihre typischen Merkmale deutlich in den Blättern oder Blüten.
Interessant ist, daß die Züchtungsarbeit meistens von Männern geleistet wurde, die sich in Labors in minutiöser Feinarbeit um Neuzüchtungen bemühten, Buch führten und Vergleiche anstellten. Frauen zählen mit wenigen Ausnahmen bei der Laborarbeit zu den Mitarbeitern, bei Pelargonien eher zu den Hütern und Sammlern.
Folgende Pelargonienarten sind wichtig für Züchtungen:

- Pelargonium betulinum (die Birkenblättrige)
- Pelargonium capitatum (die vom Kap Kommende)
- Pelargonium cordifolium (die Herzblättrige)
- Pelargonium crispum (die Krausblättrige)
- Pelargonium cucullatum (die Kapuzenblättrige)
- Pelargonium exstipulatum (die Stachelige)
- Pelargonium frutetorum (die Fruchtige)
- Pelargonium fulgidum (die Leuchtende)
- Pelargonium glutinosum (die Klebrige)
- Pelargonium graveolens (die süß/schwer duftende, Rose)
- Pelargonium grossularoides (die Stachelbeerblättrige)

Blattsammlung der 20 wichtigsten Züchtungspelargonien

Gegenüberliegende Seite: Pelargonium tricolor (alter Name), auch P. 'Splendide' oder P. holosericeum – ein Schmuckstück!

- Pelargonium inquinans (die Scharlachpelargonie)
- Pelargonium lateripes (die sich Ausbreitende)
- Pelargonium myrrhifolium (die Myrtenblättrige)
- Pelargonium odoratissimum (die Duftendste)
- Pelargonium panduriforme oder Pelargonium quercifolium (die Eichblättrige)
- Pelargonium papilionaceum (die Schmetterlingsblütige)
- Pelargonium peltatum (die Efeublättrige)
- Pelargonium radens oder Pelargonium radula (die Raspelblättrige)
- Pelargonium scabrum (die Spitzblättrige)
- Pelargonium trifidum oder Pelargonium fragile (die Zerbrechliche)
- Pelargonium tomentosum (die Pfefferminzduftende)
- Pelargonium vitifolium (die Weinblättrige)
- Pelargonium zonale (die Gürtelpelargonie)

In der Natur wird die Hybridisierung häufig durch genetische Barrieren verhindert: Verschiedenheit der Bestäuber, der Blühzeiten oder der Lebensräume haben dieselbe verhindernde Wirkung.

Die „Nasenfreuden“

Zurück zu den Ahnen! Die Zeit von 1800 bis 1900 war mit praktischen Fragen der Zonal-Pelargonien-Züchtung angefüllt.
Sie hießen Pelargonium x hortorum oder Scarletpelargonien wegen ihres kräftigen Scharlachrot.
Ausgang für die Züchtungen waren hochwachsende Pflanzen, deren Elternteile, Pelargonium inquinans und Pelargonium zonale, beide über einen Meter groß werden können.
Pelargonium inquinans hat scharlachrote runde Blütenblätter, pelzige, gelbgrüne mittelgroße Blätter und pelzige Stengel, die bei Berührung bräunliche Flecken auf der Hand hinterlassen. Sie verträgt große Trockenheit und starkes Sonnenlicht, und ihre Dolden sind mit wenigen Blüten bestückt.
Pelargonium zonale, der andere Elternteil, nach dem die Zonalpelargonien benannt sind, hat viele Blüten in bläulichem Rosa, die etwas fransig im Aussehen sind, und saftige, dunkelgrüne Blätter mit dunklerem Zonalring. Sie liebt kühlere und halbschattige Standorte und will gut gegossen werden.
Diese beiden Ausgangspflanzen sind mit ihren verschiedenen Eigenschaften für Züchtungen ideal, und aus diesen beiden botanischen Arten wurde eine breite Palette interessanter Pelargonium-zonale-Sorten gezüchtet.
Die ersten Hybriden wurden 1820 von Robert Sweet als „interessante, aber äußerst empfindliche“ Pflanzen beschrieben. Einige Jahre später, nämlich 1941, konnte der Hofgärtner H. August Brasch in Bellevue bei Berlin schon 350 verschiedene Arten und Sorten aufweisen. Die Pelargonium-Hybriden waren in Mode gekommen!
Der Adel, der sich Orangerien mit Kamelien,

Nosegay – Pelargonie 'Rosebud Supreme' (oben) und Zonalpelargonie 'Staplegrove Fancy' mit Pünktchen und Rand (rechts)

Zitrusbäumen und mehr leisten konnte, mußte damals schrittweise Macht und Einfluß mit dem aufkommenden Bürgertum teilen. Diese neue Führungsschicht hatte ebenfalls ein starkes Repräsentationsbedürfnis. Die finanziellen Mittel, die ihr zur Verfügung standen, waren aber viel bescheidener, und man fand in ihren Stuben einzelne Exemplare, seltener ganze Sammlungen. Mit den neuen Pelargonium-Hybriden hatten die Gärtner etwas zu bieten, das exotisch war, extreme Farbwirkung erzielte, über Monate hinweg blühte und dazu noch leicht zu überwintern war.
Als älteste Rasse galten die Nosegay-Pelargonien, übersetzt „Nasenfreude", die besonders für kleine Blütensträuße dienten, da die stark zusammengezogenen Blütenstände das Aussehen von Buketts hatten, die dazu noch parfümiert wurden. Vielleicht in Anlehnung an die bekannten, wunderbar nachtduftenden Geophyten oder als Spielerei aus der Zeit.
Den Grundstein zur Entwicklung dieser Nosegays legte 1780 der Engländer P. Fothergill mit dem Pelargonium fothergillii, bei dem zum ersten Mal eine zusammengezogene Blütendolde auftrat, wie später auch bei der bekannten Sorte 'Meteor'. Die verblühten Einzelblüten im Innern der Dolde blieben hängen und wurden nicht abgestoßen – etwas Sensationelles! Die Nosegays ließen sich langfristig als Klasseneinteilung nicht aufrechterhalten, da der doldige, geschlossene Blütenstand bei fast allen neueren Sorten auftrat.
Was nach den Nosegays auf den Markt kam, war immer dem jeweiligen züchterischen Stand und den Wünschen der Käufer nach Ausgefallenheit und dem zukünftigen Standort angepaßt. Aber das Resultat der Züchtung einer regelmäßigen Blütendolde blieb schwer zu erreichen und gelang

erst nach vielen Versuchen: ein kugelrunder Blütenstand, ähnlich einem Tennisball! Die Stiele waren häufig zu lang, konnten die Fülle kaum halten und knickten ein. Die Folge war dann das Verändern der Stabilität des Blütenstieles usw. Bei den Blüten selber versuchte man die Ränder zu verändern oder Streifen oder Punkte zu erhalten. Allein: die meisten auffallenden Blütenveränderungen waren Zufallstreffer bei einzelnen Pelargonien, Sports, die sich nur durch Stecklinge vermehren ließen, weil sie sonst ihre „Ungewöhnlichkeiten“ verloren.
Die Zonalpelargonie eignete sich in gedrungen gezüchteter Form vor allem für Beete, Einfassungen und als Unterbepflanzungen von hochstämmigen Kübelpflanzen. Mit ihnen zauberte man Teppichbeete und Bordüren, später in Kombination mit den Buntblattpelargonien und natürlich auch anderen Beetpflanzen gemischt. Auf impressionistischen Gemälden aus der Mitte des 19. Jahrhunderts findet man die Pelargonie sowohl als Beetpflanze als auch als Topfpflanze und im Blumenstrauß.

Zonalsorten:

- Pelargonium zonale ‘Mr. Wren’, rote Blüte mit weißem Rand, hochwüchsig
- Pelargonium zonale ‘Cardinal’, hellmagentafarbene Blüte
- Pelargonium zonale ‘Edmund Lachenal’, Blüte dunkelscharlach gefüllt
- Pelargonium zonale ‘Single New Life’, unregelmäßig rot-weiß gestreifte Blüte
- Pelargonium zonale ‘Henry Jacobi’, rote kugelrunde Blütendolde
- Pelargonium zonale ‘White Eggshell’, weiße Blüte mit roten Sprenkeln

… und dazu Tausende andere Sorten!

Röschenpelargonien

Gegenüberliegende Seite: Zonalpelargonie 'Appleblossom Rosebud'

Bei den Röschenpelargonien handelt es sich um Sorten, deren Staubgefäße zu Blütenblättern umgezüchtet wurden. Sie sehen aus wie kleine Rosen, können aber ihre Rosetten nicht richtig öffnen. Der französische Name „Noisette Pelargonie" für die Röschenpelargonie stammt von der Noisette-Rose, deren Knospen haselnuß(noisette)-artig sind.

Es gibt neben der Bezeichnung Rosebud auch die englische Bezeichnung Rambler für die gleiche Art, Pelargonium 'Plum Rambler', Pelargonium 'Scarlet Rambler' und vor allem die berühmte Pelargonium 'Appleblossom Rosebud'. Sie ist eine entzückende Röschenpelargonie in Blaßpink mit Weiß und Grün, die Farben in Anlehnung an Apfelblüten. Beliebt war sie vor allem im späten 19. Jahrhundert, und ihre Abkömmlinge sind seit über 200 Jahren immer noch im Handel zu finden.

Die Röschenpelargonien können einen Meter hoch werden, mit großen, grünen Zonal-Pelargonienblättern. Vorsicht beim Aufstellen der Töpfe – sie müssen immer unter einem Vordach stehen, da die Röschen sonst bei Regen in der Mitte zusammenkleben, braun werden und die Blüten unansehnlich aussehen.

Über die Kleinen und die Normen

Für Liebhaber zählen die Minipelargonien zu den großen Schätzen auf ihrer Fensterbank. Im Winter behaupten sie sich an einem Wohnzimmerplatz, wo sie im Gegensatz zu ihren großen Geschwistern in Heizungswärme und direktem Sonnenlicht munter weiterwachsen und dazu blühen!
Sie heißen 'Virgo' (1965), 'Nugget' (1955), 'Tatoo' (Canada, 1980), 'Candy' (1968), 'Fire Glow' (1964) usw. Sie haben alle Blütenfarben, die es bei den Zonalpelargonien gibt. Man schließt diese Pflänzchen, die sogar in einem Topf von 2 cm Durchmesser bewurzeln, in ihrer Kleinheit sofort ins Herz.
Ihre Züchtungs-Hochblüte lag zwischen 1950 und 1987, es gibt aber auch ältere Sorten wie z. B. 'Snow White' oder 'Bashful' (1938), 'Friesdorf' (1927), 'Kleiner Liebling' (1920), 'Madame Fournier' (1895). Aus Gent kennen wir von Monsieur Pynaert die älteste Sorte Pelargonium 'Princesse Stéphanie'.
Zu finden sind sie mit normal großen oder kleinen Blüten, gefüllt und einfach blühend, mit panaschierten Blättern und sogar mit gelbem oder mehrfarbigem Laub. Sie dürfen bis 12,5 cm hoch werden, wie das Normmaß für Ausstellungen von der British Geranium and Pelargonium Society für Pelargonien-Minis festgelegt wurde.
Die Normen haben ihren Grund. Jeder Züchter kann ohne festgelegtes Maß behaupten, seine Pflanze sei ein Mini, obwohl sie schon zu den Halbzwergen oder Zwergen gehört. Auch dafür wurden Höhenmaße festgelegt: bis 17,5 cm für Halbzwerge und bis 22,5 cm für Zwerge. Ordnung in den Definitionen zu schaffen hilft Züchtern, Sammlern und Ausstellern!
Was macht der Liebhaber in Ländern mit phantastischem Klima mit seinen Minis, zum Beispiel in

Muttertagspelargonienstrauß mit Minipelargonie 'Milk Maid', links im Topf

Kalifornien? Er hat ungeheure Mühe, seine Minis in Schach zu halten, da sie sich bei ständig sonnigem Klima prächtigst entwickeln. Aber sie bleiben dabei immer noch kompakt. Die Rückkreuzung von kleinwüchsigen Pelargonien mit kleinerwüchsigen Pelargonien ist im Blatt und in der Gedrungenheit der Stengel gut zu erkennen – Kaliforniens Klima aber durchbricht die Normmaße locker –, man merkt, sie sind vom Menschen in Europa festgelegt und nicht von der Natur.
Man kann mit etwas Geschick aus kleinwüchsigen Pelargonien einen Bonsai machen. Mit dem Einkürzen der Wurzeln, mit Stutzen und Formen läßt sich die Pelargonie zu einem kompakten und interessanten „kleinen Bäumchen" entwickeln. Dabei vergißt sie das Blühen nicht – allerdings braucht man die Pflegekenntnisse, die der Bonsai-Liebhaber besitzt. Ein Versuch lohnt sich!
Viele Frauen, die im Alter in ein neues Domizil wechseln, und sei es auch das Altersheim, nehmen wehmütig Abschied von ihren prächtigen Pelargonien-Balkonkästen. Sie wollen sich kaum eingestehen, daß die Gießkanne schon längst viel zu schwer war und das Einkaufen und Einpflanzen einer Tortur gleichkam. Sie können die beeindruckende Blüten-Pracht nun nicht mehr ihren Nachbarn zeigen. Aber wenn sie die „Pelargonie an sich" wirklich ins Herz geschlossen haben, müssen sie nicht für immer Abschied nehmen. Das Problem sind die Gärtnereien, die selten Minipelargonien führen. Wieso eigentlich?
Ganz sicher ist, daß der Wunsch nach Üppigkeit der Pflanzen bei Pelargonienkunden überwiegt. Dazu kommt der Liebhaberpreis für Minis, der in England selbstverständlich akzeptiert wird, hier aber zu Zweifeln führt. Die Freude an den Mini-

pelargoniensorten sollte sich dadurch, und daß man sie nur im Versandhandel erhält, nicht trüben lassen. Ihre kleinen Büsche blühen fast das ganze Jahr am Südfenster im Zimmer – sie sind einfach entzückend!

Pelargonium 'Paul Crampel' und Victor Lemoine

Die berühmteste einfachblühende Zonalpelargonie stammt aus Nancy in Frankreich. Der Gärtner Victor Lemoine erhoffte sich mit seiner Zonalpelargonie 'Paul Crampel' 1903 den großen Erfolg. Es ist möglich, daß er diesen Namen für seine Pelargonie nicht deshalb ausgewählt hat, weil Crampel ein Arbeitskollege war, sondern weil mit diesem Namen eine tragische Geschichte verbunden war, die nicht vergessen werden sollte.
Paul Crampel war 1864 in Nancy geboren und wurde im Alter von 27 Jahren in Zentralafrika auf der Suche nach Pflanzenraritäten ermordet. Beide Männer kannten sich gut.
Victor Lemoine erlaubte seinen Mutterpflanzen und den davon gezogenen Jungpflanzen keine Blüte und entfernte ständig alle Blütenknospen. So kam keiner der Angestellten oder Besucher auf die Idee, von dieser Neuheit Stecklinge zu stehlen, was damals offenbar schon Mode war! Erst als er genügend Pflanzen für den großen Verkauf hatte, ließ er die Pelargonien blühen und kam mit großen Mengen auf den Markt. Seine 'Paul Crampel' fand trotz horrender Preise reißenden Absatz.
Erst als einige Jahre später der bekannte deutsche Erdbeerzüchter Goeschke in Köthen die 'Paul Crampel' unter dem Namen 'Meteor' in den Handel brachte, wurde diese Sorte zum echten Erfolgsschlager. Deutsche Gärtner haben ihr den

Die berühmte Zonalpelargonie 'Paul Crampel' oder auch 'Meteor'

Weg in die Welt geebnet. Wenn man auch bald den Ursprung und den Namensirrtum erkannte und einige Jahre um die Namensgebung stritt, wurde sie nur als 'Meteor' berühmt. Mit ihr entstanden mindestens 30 interessante Kreuzungen wie zum Beispiel Pelargonium 'Kardinal', Pelargonium 'Sensation' und Pelargonium 'Berlina'.

Apropos entwenden!

Mit dem Stehlen von Stecklingen und Samen, dem „Handtaschenklau", fängt die Sucht nach Pelargonien so richtig an! Plötzlich kann man der Versuchung nicht mehr widerstehen, und schon ist man mitten im Suchtverhalten. Das zieht sich schon seit der Verbreitung dieser Pflanze durch alle gesellschaftlichen Schichten und durch jedes Alter. „Ich habe schon fast 60 Sorten!" Das zeigt mir als Pelargoniensammlerin deutlich den Grad der Infektion an.
Sei das Motiv dafür Leidenschaft, Langeweile oder Geltungsdrang, das ist – durch die Blume gesagt – eigentlich ganz egal. In meinem Gewächshaus bedeutet das: Tasche ablegen, die Jacke mit den zufällig großen Taschen an der Garderobe deponieren und auf das Abstandhalten achten. Denn die Leute, die sich absondern und ständig mit dem Taschentuch beschäftigt sind, füllen dies meist mit Pelargoniensamen und Rißlingen. „Samen, die gehören doch allen!" heißt es dann – aber ohne Pflanze keine Samen, und die Pflanzen gehören mir!
Ab 1880 hat so die Verbreitung der Pelargonie unter den einfachen Leuten stattgefunden. Die ärmeren Schichten waren als Personal bei reichen Familien in Städten angestellt. Der Besitz einer

Pelargonie – damals wurde die Pflanze wie ein Exot gehandelt – war ein Prestige der Vermögenden und kostete ein schönes Stück Geld. So kostete zum Beispiel 1868 eine Pelargonie 'Madame Lemoine', die den ersten Preis in einer Pariser Ausstellung am 15. August 1867 gewonnen hatte, 8 Franken[1]! Das war knapp die Hälfte des Monatslohns einer gut bezahlten Angestellten, und was blieb ihr anderes übrig ... sie war ja genauso entzückt von der Pelargonie wie Madame!

Und so wanderten viele Rißlinge (abgerissene Stecklinge) in die Herkunftsorte des armen Personals, in meistens abgelegene Dörfer und Berggegenden, wo sie gehätschelt und gepflegt wurden, und – was die Pelargonie anbetrifft – sie ging aus der Stadt in die Ferien (siehe „Pelargonien in den Bergen")!

Viele Sorten, die in Städten längst verschwunden sind, kann man in den Balkonkästen in ländlichen Gegenden immer noch bewundern – aber bitte nur bewundern oder höchstens einen kleinen Steckling erfragen.

Eine gute Chance, als Sammler selbst bei hartnäckigen Besitzern etwas zu erhalten: Nehmen Sie ein paar ausgefallene Jungpflänzchen oder Samen auf Ihren Besuchen mit – getauscht wird immer gerne! Und dazu stecken Sie sich auch noch mit der Begeisterung der anderen an!

FN: [1] Aus dem Archiv der Zeitschrift „Der Gartenbau", Solothurn, CH

Pelargonien in den Bergen

In der verschneiten Landschaft des Alpenvorlandes sind immer wieder hinter den Fenstern der Ställe oder Schuppen blühende Pelargonien zu sehen, und zwar im kältesten Winter. Wieso eigentlich? Wieso konnten in den Alpengegenden die Pelargoniensorten sich über Jahrzehnte hinweg halten? Man könnte doch meinen, daß in so kalten Berggegenden und relativ kurzen Sommern Pflanzen aus Südafrika keine Chance hätten. Aber eigentlich ist das typisch für Pelargonien: Ist es nicht zu naß, dazu hell und trocken, kann man sie überall halten, und wo für sie die Umstände ideal sind, blühen sie das ganze Jahr hindurch.
Alle Pelargonien lieben das Ultraviolett im Tageslicht. Die schon ab 700 m Höhe vorhandene Lichtintensität, dazu kein ständiger Smog oder Nebel, der das Licht filtert, sorgen für optimale Verhältnisse. Dazu werden die Pflanzen in der kalten Jahreszeit nicht gerade hinter doppeltverglaste Fenster gerückt, sondern stehen hinter dünnen Glasfenstern im Schuppen oder Flur. Das heißt, sie stehen kalt, aber nicht unter 5° Celsius. Und die Besitzer denken im Winter wenig an sie, sie stehen häufig längere Zeit trocken, was ihre saftigen Stengel vor Fäulnis schützt und sie so gesund hält.
Im Frühjahr kommen die Pelargonien dann in mineralische Bergerde, gemischt mit Stallmist oder Kompost, und so blühen sie ohne Unterbrechung und haben alles, was sie brauchen. Warum sollte da die einmal gekaufte oder ergatterte Sorte gewechselt werden. Die Pflanzen werden mit der Zeit zu „Antiquitäten"!
Das Ausputzen der großen Balkon- oder Fensterfronten mit Pelargonien besorgt meistens die

Großmutter, die morgens und abends kontrolliert, wässert, zupft und schneidet. Für ältere Frauen ist das eine schöne Aufgabe. Dazu bekommen sie viel Lob und Bewunderung von der Familie, von Freunden und Fremden. Sie tanken Energie dabei und machen sich nützlich zur Freude aller.

Folgende Doppelseite:
Der Vogtbauernhof im Schwarzwald prunkt auf den Balkonen mit roten Pelargonien.

Die Efeupelargonie

Die Efeupelargonie, mittlerweile auch Hängepelargonie oder Pelargonium peltatum genannt, hat im Gegensatz zur Zonalpelargonie bis zur Mitte des 19. Jahrhunderts nur unter dieser Sammelbezeichnung existiert. Erst dann wurde sie in Sorten unterteilt, was ihre Beliebtheit steigerte.
Das verdankt sie vor allem ihrer Dichte und Langwüchsigkeit. Oder sind es eher die efeuartigen, halbsukkulenten Blätter, die so gesund aussehen? Ihr wasserspeicherndes Blatt liebt Trockenheit und direktes, intensives Sonnenlicht. In der Natur in Südafrika kriecht die Efeupelargonie bis zu sechs Meter über Gestrüpp hinweg und legt ganze Teppiche über ihre Umgebung. Das vor allem macht sie so geeignet für Standvasen, Säulen und Terrassen.
Allerdings war ihr erster Standort an der Wand – man ließ sie von unten nach oben klettern, an Gittern befestigt, und hatte so die Blüten direkt vor Augen. Wie bei den Zonalpelargonien können die Blüten einfach, halbgefüllt oder stark gefüllt sein. Alle Rot- und Rosatöne, Weiß und fast Schwarz sind zu finden, häufig auch Violett.

Beispiele

- Pelargonium ‘Blaubart’, dunkles Rot, fast schwarz, halbgefüllte Blüte
- Pelargonium ‘Amethyst’, dunkelviolette halbgefüllte Blüte mit dunkleren Adern
- Pelargonium ‘Ville de Paris’, einfache lachsrosa Blüte, blühfreudig
- Pelargonium ‘Rouletta’, halbgefüllte, weiße Blüte mit rotem Rand und Streifen
- Pelargonium ‘Yale’, halbgefüllte, blutrote Blüte
- Pelargonium ‘Schneekönigin’, halbgefüllt, weiß, mit purpurnen Adern

und viele weitere Sorten!

Die Efeupelargonie ‘Red Mini Cascade’ wächst schön kompakt.

Die „Einzigartigen“ – Pelargonium unique

Für Leute, die gerne ihre Pflanzen einteilen möchten, im Gewächshaus oder auf dem Papier, gehören die Uniques zu einer Extrakategorie. Allgemein werden sie als Dufter bezeichnet. Aber die meisten von ihnen haben kaum Duft, und die Frage „Wo ist der Duft?“ ist berechtigt.
Ein Elternteil der Uniques sind die botanischen Arten Pelargonium grandiflorum und Pelargonium cordifolium, und dazu kommen vor allem Pelargonium fulgidum, auch Pelargonium betulinum oder die Duftpelargonie Pelargonium quercifolium.
Entstanden sind sie aus dem Wunsch nach einer großblütigen Duftpelargonie und somit aus Kreuzungen botanischer Arten mit Duftpelargonien. Sie sind buschig, groß gewachsen und verholzend wie die Edelpelargonien, haben aber tief eingeschnittene Blätter und mittelgroße Blüten. Sie vertragen höhere Temperaturen und direktes Sonnenlicht und erreichen zwei Meter Höhe bei gutem Standort und Pflege.

Uniquepelargonie 'Carefree'

Beliebte Sorten:
- 'Patons Unique' (1870), leuchtendes kräftiges Rosa
- 'Rollinsons Unique' (1880), leuchtende Fuchsienfarbe
- 'Aurore Unique' (1870), kräftigrot mit schwarzer Zone, kleine Blüte
- 'Purple Unique' (1861), wohl die erste Unique überhaupt
- 'Scarlet Unique', kräftig rote Blüte und Karottenduft
- 'Brillant', hellorangerot mit großer Blüte
- 'Mores Victory', knallrote kleinere Blüte

Als neue Sorten gelten 'Sweet Mimosa', weißrosa,

und ‘Madame Nonin’, die ‘Patons Unique’ ähnlich sieht.
1958 schrieb **Derek Clifford** auch über Uniques in seinem Pelargonienbuch. Ihm fielen die häufig roten Blüten auf, die von Pelargonium fulgidum als dem einen Elternteil stammten. Im 19. Jahrhundert benutzte man häufig Pelargonium fuldigum für Kreuzungen, da sie sich besonders gut dafür eignete. In Robert Sweets „Geraniaceae“ von 1820 sind schon zwölf Hybriden von Pelargonium fuldigum abgebildet. Clifford glaubte, daß die erste Unique ‘Rollinsons Crimson’, später ‘Crimson Unique’, war. Der Name Unique hing mit der „Einzigartigkeit“ der buschigen Pelargonien in Rot und ihrem leichten Duft zusammen. Eine Menge Uniques sind gezüchtet worden, aber viele davon existieren nicht mehr.
Im 20. Jahrhundert benutzte Frances Hartsook in Mexiko die Pelargonie ‘Scarlet Unique’ für seine Züchtungen und erhielt eine Serie von Regal-Uniques, wie z. B. ‘Hula’, ‘Bolero’, ‘Polka’ und ‘Voodoo’. Obwohl die Blüten immer noch kleiner als bei den Regal-Pelargonien waren, blühten diese Pflanzen die ganze Saison.
Die Möglichkeiten, neue „Einzigartige“ zu züchten, sind noch nicht ausgeschöpft, und wer weiß, vielleicht gelingt dem einen oder anderen Pflanzenzüchter oder Hobbybotaniker eine kleine „Berühmtheit“?

Die Uniquepelargonie ‘Hula’ ist selten zu finden.

Eine schöne Amerikanerin, die Uniquepelargonie ‘Voodoo’

Muttertagspelargonien

Im April/Mai blühen schon die ersten Pelargonien: die Muttertagspelargonien! Wer sie wohl dazu gemacht hat? Es liegt nicht nur an verkaufsorientierten Gärtnereien, sicher auch an der zeitigen Entwicklung im Frühjahr, die mit der idealen Kombination von Kühle und Helligkeit für diese Pelargoniensorten zusammenhängt.
Und am Muttertag sind sie da, die großen Blüten, häufig azaleengleich! Eigentlich heißen sie Englische oder Pelargonium regale (königlich) oder Pelargonium-grandiflorum-Hybriden, auch Blumistenpelargonien, Edelpelargonien oder Pelargonium x domesticum und „les pélargoniums des fleuristes“. Sie wurden vor allem aus der großen, kapuzenblättrigen Pelargonium cucullatum und Pelargonium angulosum gezüchtet und mit Pelargonium grandiflorum und Pelargonium cordifolium gekreuzt. Die Kapuzenpelargonie ist bei Züchtungen im Blatt und in der Blüte häufig wiederzuerkennen.
Blattdufter gab es schon eine Vielzahl im Handel, aber ihr Nachteil waren die kleinen Blüten. Der Zeitgeschmack war in der Mitte des 19. Jahrhunderts nicht nur der Duft: Man liebte Pelargonienbüsche mit großen Blüten, mit kräftigem Blattwerk und aufrechten Blütenstielen, die gut über dem Laub standen, und Stengeln, die holzig und saftig zugleich waren. Die Uniques waren ein erster Schritt in die veränderten Bedürfnisse zur Zeit der „üppigen Kübelpflanzen“.
Die besten Gärtner der Epoche nahmen sich der Pelargonie an. Die Franzosen Bruant, Dauthenay, Lemon, Matthieu, Van Houtte und Lemoine wurden erfolgreiche Züchter und Händler. Ihnen voran der Obergärtner Duval von Odier in Paris mit seinen Pelargonien, die auf allen fünf Blütenblättern schwarze Saftmale zeigten und „Odier-

pelargonien“ genannt wurden. „Diadempelargonien“ wurden die Edelpelargonien genannt, die nur auf den oberen Blütenblättern Zeichnungen hatten und ungefüllt blühten. Alles, was gefranst, gefüllt oder irgendwie verrückt aussah, fiel unter die Bezeichnung „Phantasiepelargonien“.
In Frankreich konnte man die verschiedenen Sorten kaum noch zählen. Jeder Züchter wollte die Pelargonienzüchtungen der Konkurrenz ausstechen, was ein riesiges Durcheinander zur Folge hatte. Bis Barillet, Chefgärtner von Paris, die Initiative ergriff und 1867 eine Kommission gründete, die Ordnung in das Chaos brachte, die Sortennamen festlegte und auch die einzelnen Gruppen auflistete.
In Deutschland züchteten Ende des 19. Jahrhunderts der Obergärtner der Firma Bürger in Halberstadt, in Stuttgart-Feuerbach die Firma Fais, in Dresden-Mickten die Firma Wendisch, in Quedlinburg die Gebr. Teupel und in Hamburg-Eidelstedt Walter Süptitz.
‘Ostergruß’, ‘Martha Süptitz’, ‘Frau Emma Schömperle’ und ‘Göttweig’ sind deutsche Pelargoniennamen von damals. W. Pfitzer in Stuttgart brachte Remontant-Pelargonien heraus, Edelpelargonien, die mehrmals blühten und dazu noch etwas kleinblütiger waren: die ‘Hofgärtner Lebl’, ‘Ruhm von Stuttgart’ und ‘Perle von Wien’.
Der Name Pelargonium regale kam aus England, wo die meisten englischen Sorten in den königlichen Gewächshäusern von Sandringham, Norfolk, gezüchtet wurden. Hoyle und Forster waren um 1850 die erfolgreichsten Züchter in England. Die Amerikaner machten aus der Muttertagspelargonie eine Zimmerpflanze und gaben ihr amerikanische Namen, wie ‘Grand Slam’, ‘Bonanza’, und nannten sie Martha-Washington-Pelargonien.

Muttertagspelargonie ‘Rimfire’

Muttertagspelargonie ‘Sienna’ (oben) und die P. ‘Lord Bute’ – eine kleinblütige Noble (rechts)

Es gibt kein Buch allein über sie, aber in allen Pelargonienbüchern findet man immer Kapitel und Abbildungen (Bücherliste siehe Anhang). Die Edelpelargonien tauchen in Schüben immer wieder auf. Aber so beliebt wie unsere Zonalpelargonien sind sie nie geworden. Sie lassen sich schlechter überwintern, und wenn sie zu warm gehalten werden, sind sie anfällig für die weiße Fliege. Dazu kommt die kurze Blütezeit, die aber bei speziellen Sorten im kühlen Spätsommer remontiert. Sie verlangen viel Blütendünger, damit sie lange blühen. Bei Blüten von 4–12 cm Durchmesser findet man spannendste Kombinationen von Blütenblättern, Saftmalen und Blattzeichnungen. Achtung! Pelargonium regale kann durch Zurückschneiden umgebracht werden! Stark verholzte Pflanzenstiele, in denen sich schlummernde Knospen nur schwierig entwickeln können, sind gefährdet. Zurückschneiden bringt sie an die Wachstumsgrenze! Es ist sicherer, einige Blattachsen und somit Blätter unter der Schnittstelle stehenzulassen.

Hübsche dunkle Vertreter

- Pelargonium 'Lord Bute', dunkles Schwarzviolett mit pinkfarbener Kante
- Pelargonium 'Dollar Bute', gewelltere und größere Blüte als Pelargonium 'Lord Bute', gleiche Farbe
- Pelargonium 'Merchioness of Bute', stark gewellt mit hellpinkfarbener Unterseite, dunkles Schwarzviolett

Diese drei Vertreter der dunklen Pelargonium-regale-Sorten finden immer ihre Liebhaber unter den Sammlern. Pelargonium regale 'Lord Bute' wurde 1910 in England gezüchtet, und die Na-

mensgebung fand in Anlehnung an den schottischen Lord of Bute statt, dem engsten Vertrauten von Georg III. Lord of Bute starb 1792, hatte selbst Botanik betrieben und hinterließ ein sehr seltenes Prachtwerk, „Botanical Tables“, in dem in neun Bänden die Pflanzen Großbritanniens aus dieser Zeit zusammengestellt sind.
Wer hat nicht gerne einen Lord in seinem Garten oder auf dem Balkon? Eine Pelargonien-Freundin schreibt: „Du erinnerst Dich bestimmt an den Lord, den Du mir gegeben hast. Leider hat er wohl eine allzu steile Karriere bei mir durchlebt bzw. durchstorben. Von „Lord Beauty“ zu „Lord Ugly“, über „Lord Mouldy“ zu „Lord Composty“; irgend etwas habe ich ja wohl falsch gemacht, habe zwar jeden Tag mit der Pflanze gesprochen, aber vielleicht hätte ich doch besser den Mund gehalten, was meinst Du? Bekomme ich nochmals einen – ich will es ein weiteres Mal mit ihm versuchen, er ist so schön!“ Wer ihn einmal besaß, möchte ihn nicht mehr missen – er ist einfach etwas Besonderes, ein edler Lord!

Was sind das für „Angel“?

Auf keinen Fall handelt es sich hierbei um kleine Edelpelargonien, auch wenn sie auf Ausstellungen unter die Rubrik „Miniatur-Edelpelargonien“ fallen. Es sind Pelargonium-crispum- und Pelargonium-betulinum- oder Pelargonium-grossularoides-Hybriden mit kleinen Blättern, aufrechtem oder hängendem Wuchs. Die auffälligen „Stiefmütterchengesichter“ der Blüten haben etwa 2–3 cm Durchmesser. Sie besitzen dünne und verholzte Stengel und Blättchen ohne Zone. In Europa heißen sie „Angel“, in Amerika „Pansyfaced Pelargonium“. Bei richtigem Standort sind sie sehr blühfreudig, manche dem Polsterphlox ähnlich.

Da sie sich in ihrer Schwachwüchsigkeit stark gleichen, findet man häufig nur Blüten- und Blütenfarben-Beschreibungen. Hat man beide Elternteile in Kultur und kennt ihre Bedürfnisse, kann man in der Pflege genauso wie mit ihren Hybriden verfahren. Sie sind in gemischten Violett-, Pink-, Rosa- oder Weißtönen zu finden. In der Farbgebung ähneln sie stark den Edelpelargonien, stammen aber nicht von Pelargonium ‘Angeline’ ab – einem Zwergpelargonium, das nicht mehr existiert –, wie häufig behauptet wird.

Viele ihrer Sorten wurden von Arthur Langley Smith gezüchtet. Wenn Pelargonium crispum als Elternteil stark vertreten ist, dann duften die Blätter sogar nach Zitrone. Sie verholzen im unteren Stengelbereich und setzen enorm viele Blüten an, die immer wieder auf den Blattachsen nachwachsen. Vorsicht beim Entspitzen – nur die Blüten rausknipsen! Wichtig ist, daß die Erde viel Sand und Lehm enthält, das entspricht dem Naturstandort ihrer Eltern. Direkte Sonne lieben sie, auch Wind, und sie sollten nicht zu naß gehalten werden.

Beliebte Sorten sind

- Pelargonium 'Imperial Butterfly', eine preisgekrönte Sorte, weiß, mit Saftmalen wie Wimpern
- Pelargonium 'Sancho Pansa', dunkelviolette Blüte mit weißem Rand
- Pelargonium 'Wayward Angel', dunkelviolette obere Blütenblätter, untere weiß
- Pelargonium 'Veronica Contreras', kleine, rotviolette Blüte mit weißem Rand
- Pelargonium 'Mrs. G. H. Smith', weiße Blüte mit hellpurpurnen Saftmalen

und noch eine Menge mehr!

Was sind das für „Angel"?

Angelpelargonie 'Sancho Pansa'

Angelpelargonie 'Tip Top Duett' – ein schöner Rahmen für diese prächtige Sorte

Drei Blütenfarben

Gegenüberliegende Seite: Kleines Ölgemälde einer Pelargonienverehrerin

Das Scharlachrot

Warten Sie am Jahresanfang auch sehnsüchtig auf Farbe? Mir geht es immer im Februar so, daß ich am liebsten die roten Tulpen aus ihren Zwiebeln heraufbeschwören würde ... Rot ist die Farbe der Liebe. Sie ist eine aktive und attraktive Signalfarbe. In roten Räumen scheint die Temperatur gleich ein paar Grad höher zu sein. Rot ist gut gegen leichte Depressionen.

Sei es in der Umgebung, bei der Kleidung, der Einrichtung des Hauses oder bei den Pflanzen im Garten – die unübersehbaren Akzente setzt Rot! Ich stelle fest, daß in den Alpentälern die Farbe Rot nicht nur wunderbar vor den dunkelbraunen Hauswänden wirkt, sondern auch unter den vorragenden, schattendunklen Dächern mit ihrer Leuchtkraft einen positiven Einfluß auf die Seele haben muß.

In den Städten wirkt das Geranienrot häufig eher erschlagend, ermüdend und eintönig. Liegt es an der Wohnungsdichte oder an der Farbenvielfalt der Umgebung? Verschwindet dort die Pelargonie aus Modegründen oder liegt es am Städter, der subtiler in der Pflanzenwahl ist und mit einem vielseitigeren Angebot an verschiedenen Spezies konfrontiert wird?

Ein bißchen ist es sicher von allem, aber seltsamerweise finden die Stadtbewohner, die ihre Ferien am Mittelmeer oder in den Bergen verbringen, dort rote Pelargoniensorten so schön, daß schon mancher abgeknipste Steckling seinen Weg in die Stadt gefunden hat – und dort als Rarität stolz präsentiert wird. Das Mitbringen rettet ja auch ein bißchen Ferienerinnerungen in die nächste Zeit hinüber, und man wird mit dem auffallenden Rot noch stärker an den Urlaub erinnert.

Brigitte Muller

Pelargonien in Gelb?

Zonalpelargonie 'Creamery' – ein Versuch in Gelb

Die Blütenfarbe der Pelargonie variiert von weiß, rosa, lachsfarben über karmin und rot nach violett. Ein warmes Gelb ist bis heute nicht aufgetreten. Schon früh stellten sich Oculataformen, d. h. Sorten mit einem hellen Stern oder Auge ein. Ferner entwickelten sich Blüten mit dunkler Mitte, hellen Spitzen, gefleckten Blütenblättern. Selbst dreifarbige Blüten entstanden, wie die Sorte 'Wilhelm von Preußen', zartlila, in Rot übergehend, mit weißem Auge und dunklen Rändern.
Aber gelb? Mit blaßgelber Blüte finden wir Pelargonium 'Creamery' oder Pelargonium 'Bothams Butterball', und wer sie besitzt, hält sie vor allem wegen der für Pelargonien ungewöhnlich blaßgelben Farbe als Schauobjekt und nicht, weil sie so überzeugend anmutig und schön wäre.
Die Farbe Hellgelb tritt zwar bei den Pelargonien-Geophyten auf, wirkt dort aber vor allem wegen des schönen Kontrasts der roten, gepunkteten Saftmale von z. B. Pelargonium punctatum oder des gelben Randes auf der schwarzbraunen Blüte von Pelargonium lobatum. Dabei ist aber zu bemerken, daß die Blüten klein und auf keinen Fall mit der Blüte einer Zonalpelargonie vergleichbar sind. Auch die beiden hellgelben Zonalpelargonien haben keine große, eher eine kleine Blüte, und man fragt sich, ob man auf die Farbe Gelb bei den Pelargonien nicht auch verzichten kann – es gibt andere schöne, kräftiggelbe Balkonpflanzen.

Weiße Pelargonien, wieso nicht?

Für die Züchter des letzten Jahrhunderts ist das Weiß eine große Herausforderung gewesen. Das

Problem: Bei starker Sonneneinstrahlung und Wärme werden die meisten weißen Pelargonien rosa! Ist der ganze Balkon à la Sissinghurst auf Weiß ausgerichtet, und es entwickeln sich plötzlich rosa Pelargonien mittendrin, ist die Enttäuschung groß.
Es bleibt nichts anderes übrig, als die weiße Pelargonie erst an der Sonne zu testen oder von vornherein auf die halbschattige Seite zu stellen. Und für die Liebhaber, die die Flucht nach vorn antreten wollen: Weiß und Blaßrosa sehen auffallend frisch und sauber miteinander aus! Selbst die ungeliebte Ecke mit Grill, Gartenmöbeln und Werkzeugen bekommt einen aufgeräumten Aspekt durch die „helle blaßrosa Farbe“.

Zonalpelargonie 'Apricot Sorbet'

Bei farbigen Pflanzenblättern unterscheidet man die „Variegatum-Formen“ und die „panaschierten Formen“.
„**Variegation** ist die unregelmäßige Veränderung der Farbe pflanzlicher Organe, wie Blätter oder Blüten, aufgrund der Unterdrückung einer normalen Pigmententwicklung in bestimmten Bereichen. Die Ursache kann ein genetischer Faktor, ein Krankheitssyndrom oder eine Virusinfektion wie z. B. die Mosaikkrankheit sein.
Als **panaschiert** bezeichnet man gestreifte oder gefleckte Blätter, in denen trotz Belichtung die Chlorophyllbildung innerhalb der Zellen stellenweise unterbleibt. Pflanzen mit panaschierten Blättern werden gern als Zierpflanzen verwendet.“
(Aus: Schubert, R. & G. Wagner, 1993)
Wie bei den Hostas versprechen die Buntblattformen eine wunderbare Quelle für kreatives Gärtnern. Sie schließen das ganze Grünspektrum ein, angefangen bei Graugrün über giftiges Gelbgrün, kühlem, milchigem Grün bis hin zu hellem Blaugrün. Obwohl das Grün an sich im Garten nicht als „zählende Farbe“ betrachtet wird! Hat man sich aber einmal für die subtile Grünpalette begeistert, bringt man sehr bald sein Pflanzenreich zu maximalem Effekt.
Manche Engländer gehen so weit, daß sie die Blütenknospen bei diesen Pflanzen ausknipsen und ganz auf die Blüten verzichten, damit sie farblich nicht stören.
Neu sind Buntblattformen bei den Pelargonien nicht! Es gab sie schon im vorletzten Jahrhundert, und sie waren für die Züchter eine große Herausforderung, neue Sorten zu schaffen. Das betrifft die Zonalpelargonien, die Efeupelargonien, die Dufter und die Muttertagspelargonien, wobei es bei den letzteren nur ganz wenige Buntblatt-

pflanzen gibt, die einen weißen oder cremefarbenen Rand aufweisen und graugrüne Blätter besitzen.
Am häufigsten findet man farbige Zonalpelargonienblätter, und die erste Reaktion vieler Pelargonieninteressenten ist: „Schön, aber sind diese Pflanzen krank, weil sie nicht so aussehen wie die herkömmlichen Pelargonien?“ Eigentlich handelt es sich ja nur um eine Schwäche oder einen Virus, und damit sind die „Bunten“ auch anders zu behandeln. Aber ansonsten stehen sie in Wirkung und Schönheit den Grünblättrigen in nichts nach. Der Mustermix, der mit diesen Pelargonien zu erzielen ist, ist häufig viel subtiler als die alleinige Blütenpracht.
Was ist dabei zu beachten?
Allgemein kann man sagen, daß Zonalpelargonien, die Chlorophyllschwächen haben (viel Weiß im Blatt), im Sommer lieber im Halbschatten stehen und im Winter mehr Licht brauchen als ihre grünen zonalen Kollegen. Im Sommer verbrennt die Sonne oft die weißen Ränder, und ob dieser Rand nun genetisch bedingt oder von einer Viruskrankheit befallen oder einfach zu schwach ist, ist eigentlich egal. Pelargonien mit viel Weißanteil gehören, wenn sie im Topf stehen, nicht in die pralle Mittagssonne! Im Winter allerdings reicht ihnen das Licht, das sie über die reduzierte Grünfläche aufnehmen können, nicht aus, und sie brauchen den hellsten Platz.
Pelargonien, bei denen der rotbraune Zonalring stark ausgebildet ist, lieben einen sonnigen Standort, müssen allerdings eher trocken gehalten werden, da sonst der schöne Ring in der Wirkung schwächer und blasser wird, d. h. vergrünt. Sie brauchen wenig Dünger, sonst verwachsen die stark zeichnenden Farbunterschiede. Anthozyan,

Buntblattpelargonie 'Skies of Italy'

Efeupelargonie 'Golden Edinburgh'
Folgende Doppelseite:
Ein schönes Stilleben mit verschiedenen Buntblatt-pelargonien

das Rot in der Pelargonienzelle, wird bei extremen Temperaturen zum Schutz der Zelle vorgelagert. Sollte Ihnen einmal im Herbst eine Pflanze vor dem Hineinnehmen erfrieren, werden Sie merken, wie rot ihre Blätter werden. Das geschieht auch bei Krankheiten oder extremen Bedingungen.
Pelargonien mit gelben Blättern besitzen zwar weniger Chlorophyll in den Blättern, sind aber unempfindlich gegen starke Sonnenstrahlen.
Panaschierte Efeupelargonien und Variegatumformen lieben volle Sonne, da ihre Blätter generell gute Wasserspeicher sind. Bei Pelargonium 'L'Elégante' färben sich die Blattränder bei extremem Licht und Trockenheit zartrosa, was sehr dekorativ wirkt.
In England kauft man für Buntblattpelargonien extra „Buntblattdünger", der im wesentlichen unserem Blütendünger entspricht, d. h. er ist kalibetont. Damit sollte nicht gesprayt, sondern nur gegossen werden, und es empfiehlt sich, der Pflanze im Frühling mit etwas Ammoniumsulfat auf die Sprünge zu helfen. Und was immer vergessen wird: Kalk im Wasser ist eher fördernd, es sollte kein Regenwasser für das Gießen verwendet werden. Pelargonien lieben Kalk!
Ich habe in meinen Anfängen als Sammlerin einige wunderschöne Buntblattpelargonien aus Unwissenheit umgebracht und trauere ihnen heute noch nach, vor allen Dingen einer großen Pelargonium 'Mr. Henry Cox', die in ihrer Dreifarbigkeit einmalig schön war!
Wie definiere ich Mehrfarbigkeit bei Pelargonienblättern?
Grün, als die normale Blattfarbe, erhält die Nummer Null. Weiß, Gelb und Rot – eins, zwei und drei – führen, wenn sie zusammen auftreten, zu

Dreifarbigkeit, und erst mit dem Braun – Nummer vier – des nicht immer vorhandenen Zonalringes, kann man von Vierfarbigkeit sprechen.
Warum sind die Blätter häufig so gewellt?
Zellen ohne Chlorophyll wachsen langsamer als Zellen mit Chlorophyll. Die grünen Blattflächen wissen in ihrem starken Wachstum nicht wohin, speziell bei weißem Rand. Dann wellen sie sich häufig so stark, daß die weiße Randkante nach unten gedrängt wird und das Blatt wie umgekrempelt aussieht.
Der dekorative, in Australien gezüchtete Mosaikvirus tritt bei Zonalpelargonien und vor allem bei Efeupelargonien auf. Man erkennt ihn an der weißen Zeichnung der Blattnerven. Genannt werden diese Sorten ‘Crocodile ...’, und sie wirken wie das Craquelé alter glasierter Tonvasen auffallend dekorativ.

Einige panaschierte oder Variegatum-Zonal-, Peltatum-, Regale- und Duftsorten

Zonalpelargonien

- Pelargonium ‘Chelsea Gem’, weißgrün panaschiert mit frischrosa halbgefüllten Blüten
- Pelargonium ‘Eugénie’, graugrünes Blatt mit weißem Rand und kirsch-purpurfarbener Blüte
- Pelargonium ‘Madame Salléron’, graublättrig mit hübscher Bordüre und selten lachsrot blühend
- Pelargonium ‘A Happy Thought’, weißgelbliche Mitte, dunkel-pinkfarbene Blüte
- Pelargonium ‘Distinction’, grünes Blatt mit feinem Zonalring vor dem gewellten Blattrand
- Pelargonium ‘The Czar’, goldfarbenes Blatt mit breiter Zone, pinkviolette Blüte
- Pelargonium ‘Robert Fish’, gelbes Blatt ohne Zone, kräftigrote Blüte
- Pelargonium ‘Wantirna’, gelbgeadertes Blatt mit dunkelroter Blüte (die einzige Crocodile-Zonalpelargonie)

Efeupelargonien

- Pelargonium ‘Mosaik Rio Grande’, geadertes Blatt und fast schwarze Blüten
- Pelargonium ‘Woods Surprise’, Hänger mit weißpanaschierten Blättern, hellviolette Blüte
- Pelargonium ‘Golden Tears’, gelbes Blatt mit hellvioletten Blüten
- Pelargonium ‘Duc d’Anjou’, graugrünes Blatt, weißer Rand, rosa oder hellviolette Blüte
- Pelargonium ‘Crocodile White Mesh’, hellgelbe Blattnerven, rosafarbene Blüte

Muttertagspelargonien

- Pelargonium ‘Love Song’, graues Blatt, weißer Rand, große lachs-/dunkelrote Blüten
- Pelargonium ‘Princess Virginia’, hellgrünes

Blatt mit weißem Rand, schwarzdunkle Blüte mit weißem Rand
- Pelargonium ‘Miss Australia’, graugrünes Blatt mit weißem Rand, leuchtend rosa Blüten

Duftpelargonien
Bei den entsprechenden Duftern vermindert sich der Duft etwas, was aber für unsere Nasen nicht extrem auffallend ist.
- Pelargonium graveolens variegatum, hellgrüne Blätter mit weißem Rand, blaßrosa Blüten
- Pelargonium graveolens ‘Grey Lady Plymouth’, graugrüne Blätter mit weißem Rand, blaßrosa Blüte
- Pelargonium crispum variegatum, creme/grüne Blätter mit blaßvioletten Blüten
- Pelargonium fragrans ‘Creamy Nutmeg’, hellgrün/blaßgelbe Blätter, weiße kleine Blüten
- Pelargonium crispum ‘Peach Cream’, unregelmäßig creme/grüne Blättchen, blaßviolette Blüten
- Pelargonium ‘Golden Clorinda’, gelbgrüne Blätter, hellerer Rand, kräftigrosa Blüte
- Pelargonium ‘Snowflake’, weiße Flecken auf den Blättern, blaßviolette Blüte
- Pelargonium ‘Atomic Snowflake’, unregelmäßig gelbgrüne Segmente wechseln mit Grün, gelber Blattrand, blaßviolette Blüte

Duftpelargonie P. crispum variegatum

Duftpelargonien und ihre zehn wichtigsten Arten und Sorten

Pelargonium asperum

Die Beschreibung von Duftpelargonien bezieht sich vor allem auf die starken Dufter, denn Pelargonien haben meistens duftende Blätter, und das betrifft alle Sukkulenten, Geophyten, Zonalpelargonien, die Büsche und die krautartigen Formen. Bei manchen Pelargoniendüften lassen sich Assoziationen zu schon vorhandenen Gerüchen herstellen, und das sind die Dufter, die für uns am interessantesten sind. Dazu gehören auch ihre Hybriden und viele botanische Arten.

Nicht alle Nasen riechen dasselbe, wie z. B. die eichblättrige Pelargonium quercifolium 'Royal Oak' beweist, denn ihre Blätter werden als stinkend, nach Eukalyptus riechend, zederndufttend, mit Schuhcreme-, Kohlensäcke- oder Paraffingeruch identifiziert. Wie beim Wein müssen wir daher die genaue Definition eines Geruches einer ausgezeichneten Nase anvertrauen. Denn allein schon eine Tasse Kaffee verändert den Geruchssinn, und ein Duftexperte lebt nicht ohne Grund nach strengsten Vorschriften.

Zur Duftbestimmung gehört auch die Auswertung eines Begriffes, wie zum Beispiel „fruchtig“: Ist das der Geruch von reifen Pflaumen oder von Äpfeln? Oder was bedeutet „süßer“ Duft, um welche Art von Süße handelt es sich da? Es bleibt uns nichts anderes übrig, als an die festgelegten Duftbeschreibungen zu glauben, was bei dem einen oder anderen ein „Aha-Erlebnis“ mit sich bringt.

Die Düfte sind zudem stark beeinflußbar. Je nach Kultivierungsmethode, je nach Lichteinfluß und Feuchtigkeit, ob standortgemäß oder zu üppig kultiviert, variieren die Düfte. So riecht Pelargonium graveolens 'Lady Plymouth' unter sonnigen und trockenen Konditionen wirklich stark nach Rose und nicht muffig, minzig, wie der Duft oftmals in feuchterer Umgebung empfunden wird.

Was ist so reizvoll an den Duftpelargonien? Es gibt wenige Pflanzen, bei denen so viele Sinne angesprochen werden. Bei diesen Pflanzen kommen Auge und Nase und der Tastsinn auf ihre Kosten. Der Anblick eines Topfarrangements verschiedener Pelargonienbüsche in ihrer Blattvielfalt ist eine echte Augenweide.

Zwei Duftpelargonien in Töpfen vorm Haus zum schnell daran Schnuppern

Betreten wir den Balkon oder Garten vor Sonnenaufgang, empfängt uns ein wunderbarer Duftschwall. In den Mittagsstunden verdunsten die ätherischen Öle am stärksten, und nach Regen, der die Öle aus den Blättern massiert, vermischt sich der Duft der Pflanzen mit der frischen Regenluft.

Wenn wir nur mit den Händen leicht durch die Blätter fahren, ist die Umgebung schnell mit Duft erfüllt. Ein leichtes Schütteln der Pelargonienbüsche löst immer eine Duftwolke aus und ist nicht nur von der Tageszeit und den klimatischen Bedingungen abhängig. Die wichtigste Regel: Je trockener die Kultivierung, desto stärker der Duft!

Weich wie Samt oder zart wie feines Wildleder: Man möchte nicht mehr aufhören, die Blätter der Pfefferminz-Pelargonie (Pelargonium tomentosum) oder der Apfel-Pelargonie (Pelargonium odoratissimum) zu berühren!

Es hat sich gezeigt, daß die Nase wegen des starken Erinnerungswerts, den Gerüche haben, eine wichtige Rolle spielt. Wenn nun, wie allgemein bekannt ist, die Wahrnehmung eines Wohlgeruchs mit einem Lustgefühl verbunden ist, liegt es nahe, daß wir uns gerne mit Duftpflanzen umgeben.

Wir erleben ein Rückerinnern an einmal schon Gewußtes und Erfahrenes und die Freude, eine verloren geglaubte Welt zurückzuerobern, was

gleichzeitig eine Stärkung unseres Selbstbewußtseins bedeutet.
Keine Angst vor der Berührung: Alle Duftpelargonien sind ungiftig, was nicht ganz unwichtig ist, wenn man Kleinkinder hat und gerne Topfpflanzen kultiviert.

Pelargonium graveolens

Pelargonium radula, oder Geranium revolutum genannt, Rosengeranium oder schweizerisch 'Schmöckgranium', französisch Géranium Rose oder italienisch Herba rosa kam 1774 aus der südwestlichen Kapprovinz durch Masson nach England. In Südeuropa wird sie viel im Freien kultiviert, im Winter als Topfpflanze an den Fenstern der Bauernhäuser, auch in abgelegenen Gegenden der Alpen wie in der Obersteiermark, im Inntal, im Oberwallis ist sie zu finden.
Heute kennen wir sie als Pelargonium graveolens, und sie ist die Duftpelargonie, die sich nahtlos in Kultur hielt und mit ihrem Rosenduft die Parfümindustrie zur Verwendung als Rosenölersatz animierte. Sie gedeiht am besten im Halbschatten, aber auch in der Sonne, hat kleine rosa Blüten und nimmt es nicht übel, wenn sie längere Zeit trocken steht. Sie bildet große Büsche, die in der Blütezeit wunderschön sind und die vor allem in der Sonne ihren starken Duft verströmen. Wenn man kleine Büschel von ihr zwei Minuten lang im Johannisbeergelee mitkocht, geben sie dem Gelee einen interessanten, rosenduftigen Geschmack.
Die Engländer halten Pelargonium graveolens 'Attar of Roses' für die Krone aller rosenduftenden Pelargonien überhaupt. Sie erinnert im Duft an Rosenwasser, das in der Marzipanbäckerei verwendet wird. Der eigenartige Name Attar bezeichnet ein in Indien gebräuchliches alkoholfreies

Duftpelargonie 'Attar of Roses' – ein Relikt aus alten Zeiten

Parfümöl, das durch Destillation von Rosenblüten gewonnen wird.

Pelargonium radens
Diese Pelargonie ist nicht Pelargonium radula, sondern die „raspelblättrige“ Pelargonie. Ihre Blätter gleichen in der Kontur Scherenschnitten, sie sind rauh, und ihr Duft ist eigenwillig, eher streng. Der beste Standort muß herausgefunden werden, denn ich habe schon schöne Exemplare in voller Sonne und ebenso schöne im Halbschatten gesehen.
Sie eignet sich aufgrund ihres filigranen Blattes ausgezeichnet für Dekorationen und sorgt getrocknet, als Duftblatt in Büchern, lange für duftige Bereicherung. Die Blüte ist kräftigrosa mit dunkler Blattzeichnung der oberen Blütenblätter.

Pelargonium 'Atomic Snowflake' und Pelargonium 'Snowflake'
Faye Brawner berichtete aus Amerika, daß sie eine Pelargonie namens 'Round Leaf Rose' in Katalogen von 1940 gefunden hatte. Auffallend waren die runden Blätter und der Duft nach Zitrone und Rose. Die Pelargonie entwickelte einen Sport (Mutation), den man später in Merry Gardens in den USA Pelargonium 'Snowflake' nannte, weil sie unregelmäßige, weiße Blattabschnitte aufwies, wie mit „Schnee“ bedeckt. Aus der Kreuzung von Pelargonium 'Snowflake' mit einem weiteren Sport entstand später Pelargonium 'Atomic Snowflake', eine cremegerandete, lindgrüne, wüchsige Pelargonie, die kleine blaßviolette Blüten zeigt. Beide Pelargonien entwickeln sich immer wieder zur Ausgangspflanze mit einfarbig graugrünen, rauhen und vor allem runden Blättern zurück. Unkompliziert und stark wüchsig, wie sie sind,

Duftpelargonie 'Atomic Snowflake'

lieben sie verschiedene Standorte, auch Halbschatten, allerdings blühen sie am stärksten in der vollen Sonne. Das Liebenswerte an den Snowflakes sind die unterschiedlichen Blätter, die gesunde Üppigkeit, mit der sie wachsen, und der würzige Duft.

Pelargonium 'Mabel Grey'

Zitrone pur: Pelargonium 'Mabel Grey'

Lady Baring fand diesen Sämling im Garten des Government House in Kenia. Sie benannte die Pelargonie nach ihrer Mutter, der Gräfin Mabel de Grey. In England vermehrte Mr. Ayton die Pflanze und brachte sie in den Handel. Es scheint eine Form von Pelargonium scabrum oder Pelargonium citronellum zu sein, trotzdem erhält sie keinen Artennamen, denn sie bleibt ein Sämling, aber sie kann mit Pelargonium scabrum 'Mabel Grey' bezeichnet werden.
Wer einmal im Besitz dieser Pelargonie war, vergißt sie nie wieder: Rauhe, spitze Blätter und der stärkste Zitrusduft sind ihr eigen! Nostalgiker sagen: Sie riecht wie die Drops aus Kindertagen, jene Bonbons, die man mit der Zunge so schön durchbohren konnte. Sie ist wüchsig, macht große Blätter und liebt es, draußen zu stehen. Sie verlangt Kalk, d. h. sie braucht Leitungswasser, und volle Sonne, um ihren intensiven Zitrusduft entwickeln zu können. Ihre Blüten sind mittelgroß in dunklem Rosa, aber sie ist nicht sehr blühfreudig.

Pelargonium crispum

Diese Pelargonie ist sogar Leuten, die sonst keine Pelargonienkenner sind, bekannt. Von ihr sind eine Menge Hybriden, Sports und Mutationen im Handel, wie z. B. Pelargonium crispum minor, Pelargonium crispum major – identisch mit P. 'Prince Rupert' –, Pelargonium crispum variega-

tum, Pelargonium 'Peach Cream', Pelargonium 'Prince Rupert', Pelargonium 'Juniper', Pelargonium 'Galway Star' etc. Der Wuchs ist aufrecht, die holzigen Stengel sind mit krausen, rauhen Blättchen wie mit Petersilienblättchen dekoriert. Pelargonium crispum duftet nach Zitrone, allerdings nicht so stark wie Pelargonium 'Mabel Grey'.
Wer Erfahrung mit Rosmarin im Topf hat, für den ist diese Pelargonie kein Problem. Sie braucht viel Licht, vorsichtiges Wässern und lehmige Erde. Die Sorten, die weißgrüne Blätter haben, sollten im Sommer nicht zu sonnig und im Winter nicht zu schattig stehen wie alle Variegaten. Pelargonium crispum fällt in einer Pflanzengruppe wegen ihres eigenwilligen Wuchses auf und sollte schon aus dekorativen Gründen kultiviert werden. Bitte nicht im Frühjahr entspitzen: Ihre Blüten sitzen wie bei den meisten Pelargonien am Stielende.

Pelargonium crispum variegatum

Pelargonium 'Prince of Orange'
Ob sie nach dem Prinz von Oranien oder ihrem Duft nach Orangenkernen benannt wurde, ist nicht bekannt. Sie ist 1820 gezüchtet worden, und man kann ihre Spuren in vielen Ländern finden, wie z. B. in Österreich um 1829, in den USA 1955 etc.
Relativ große, blaßviolette Blüten bilden sich wie bei Pelargonium crispum an der Spitze der aufrechten Zweige. Sie dürfen auch hier nicht die Spitzen einkürzen, sonst schneiden Sie gleichzeitig die Blütenansätze ab. Sie sieht in einem Tontopf auf der Terrasse in Blüte sehr dekorativ aus, aber am schönsten ist sie in Gesellschaft von anderen Pelargonien. Wie alle Zitrusdufter kann sie nicht genug Sonne bekommen und steht gerne ein paar Tage trocken. Wenn der Tontopf ganz leicht an

Orangenduftpelargonie 'Prince of Orange'

Gewicht ist, dann sollte sie wieder kurz und kräftig gewässert werden. Die Fingerprobe hilft dabei – die Erde darf in 4 cm Tiefe nicht mehr feucht sein!

Pelargonium odoratissimum

Apfelduftpelargonie P. odoratissimum

Pelargonium odoratissimum, damals noch Geranium odorum genannt, kam 1724 aus Afrika in den Chelsea-Garten in London. Des strengen süßen Duftes wegen besonders als Zimmerpflanze gezogen. In Franken und in der Nordschweiz häufig als Zitronengeranium, Muskatgeranium, schweizerisch Schmöckgranium oder Öpfelgranium (Apfel) genannt, was dem Duft am nächsten kommt. In Frankreich hieß sie Pelargonium citronné, in Italien Erba malva.
Viele behaupten, daß Pelargonium odoratissimum stark nach der Apfelsorte 'Granny Smith' duftet oder wie der Anschnitt eines grünen Apfels. Sie hat samtige, große runde Blätter und ist von rosettenartigem Wuchs. Viele dünne Stengel tragen kleine weiße Blüten, und sie bildet viele winzige Samen, die sich in der direkten Umgebung der Pflanze zu kleinen Pflänzchen entwickeln.
Als Ampelpflanze im Halbschatten bildet sie lange Triebe, die bis zum Erdboden herunterhängen. Halten Sie die Apfelpelargonie nicht zu feucht, sonst fault die Rosette in der Mitte, und Sie müssen mit den Sämlingen ganz von vorne anfangen. Sie ist sonst unkompliziert in der Pflege, ab und zu brechen Sie die vertrockneten Blätter aus, damit die Pflanze gepflegt aussieht. Im Mittelmeerraum benutzt man die Blätter zum Aromatisieren von Apfelgelee, indem man sie für die letzten drei Minuten der kochenden Masse beifügt und dann herausnimmt. Pro Einmachglas genügt ein Blatt als Würze.

Pelargonium quercifolium

In Kultur seit 1784, eine kräftige Pflanze mit „Eichblättern“, wie der Name sagt, mit und ohne dunkelbrauner Mitte, klebrig und nach Terpentin riechend. Hätte sie nicht diese entzückenden, kräftigrosa Blüten mit den kardinalsroten Saftmalen, die wie Perlschnüre über- und nebeneinanderstehen, würde man sich aufgrund des Geruchs nicht für diese Pelargonie entscheiden. Aber sie wächst so dankbar und ist robust. Hat sie große dunkelgrüne Blätter und entwickelt einen kräftigen Busch, handelt es sich sicher um Pelargonium 'Royal Oak'.

P. quercifolium 'Royal Oak' – vertreibt Ungeziefer

Hat sie kleine Zäckchen an den oberen Blütenblättern und ist sie zwergwüchsig, dann handelt es sich um Pelargonium 'Village Hill Oak', die von Dorcas Brigham in der Stadt Village Hill, Massachusetts in den USA, ca. 1949 gezüchtet wurde und deren Eltern Pelargonium graveolens x Pelargonium jatrophaefolium sein sollen. Die Eichblatt-Pelargonie blüht an hellem Ort bis in den späten Herbst, und ihre glänzenden Blätter sehen aus, als wären sie mit einem Blattglanzspray eingesprüht.

Pelargonium tomentosum

Wie samtig die Blätter dieser Pelargonie doch sind und der dazugehörige Pfefferminzduft – wunderbar! Pelargonium tomentosum rührt an unsere zarten Saiten und wird nicht ohne Grund auch die 'Flanell-Pelargonie' genannt. Die weiße Behaarung wirkt aus der Schrägsicht wie Reif. Es ist keine Übertreibung, wenn Gärtner in England dieses Laub „thick as a fairy-blanket, soft as a vicuna robe“ (dicht wie eine Feen-Decke, weich wie ein Gewand aus Vicuna-Wolle) beschreiben. Kleine weiße Blüten in Scheindolden zieren die Pe-

Pfefferminzpelargonie P. tomentosum

Duftpelargonie 'Chocolate Peppermint'

largonie wie Schleierkraut. Sie gehört in den Halbschatten, wo sie sich dem Efeu ähnlich flach ausbreitet und wo sie gerne genügend Wasser hat. Sie kann auch in der leichten Sonne gehalten werden, aber dann verhält sie sich wie ein Bonsai, ist schwachwüchsig und verholzt stark. Ein gelegentlicher Rückschnitt läßt sie im Halbschatten kompakter werden. Wenn Sie diese Blätter anfassen, haben Sie sich ohne Frage schon für diese Sorte entschieden!

Pelargonium fragrans
Sie ergänzt mit starkem Kieferndduft die Gruppe der Favoriten, ob man sie nun als Pelargonium fragrans variegatum oder als Sport 'Creamy Nutmeg', als Hybrid Pelargonium 'Lilian Pottinger' und Pelargonium 'Fruity' (Kreuzungen aus Pelargonium odoratissimum x Pelargonium fragrans) kultiviert, sie ist eine dankbare, unkomplizierte Pflanze, die gerne in die Breite geht. Ihre Stämmchen verholzen und bilden kleine Büsche, die mit zartweißen Blüten dekoriert sind.
Sie sieht gut unter Hochstämmen aus, wo sie mit den feinen, graugrünen Blättern einen schönen Teppich bildet. Halten Sie sie trocken, versenken Sie Pelargonium fragrans mit dem Tontopf in die Erde, gießen Sie sie wenig, und genießen Sie vor allem den wunderbaren Duft.
Es gibt eine Menge anderer Duftpelargonien, aber das ist das bewährteste Sortiment, um mit ihnen Erfahrungen zu sammeln und sich auf die verschiedenen Bedürfnisse einzustimmen. Auch das Überwintern können Sie an diesen zehn verschiedenen Pelargoniensorten erproben und bei Erfolg das Sortiment um weitere Sorten und Arten erweitern.

Duftpelargonie P. fragans 'Creamy Nutmeg'

Leckere Pelargonien …

Wenn sich die Duftpelargonien zu großen Büschen entwickelt haben, kommt der Gedanke auf, ob man nicht die vielen Duftblätter zum Würzen verwenden kann. Ganz sicher ist das nicht der Fall, wenn Sie vor kleinen Neuerwerbungen stehen. Aber da Pelargoniensammler einen „Grünen Daumen“ haben, werden diese schnell zu Pelargonien-Großpflanzen.
Die absoluten Renner bei den Duftpelargonien für die Küche sind: Pelargonium ‘Mabel Grey’ (Zitronenduft), Pelargonium ‘Torento Ginger’ (würziger Ingwerduft), Pelargonium graveolens (warmer Rosenduft), Pelargonium tomentosum (Pfefferminzduft) und Pelargonium odoratissimum (Granny-Smith-Apfelduft). Als Ersatz für den Zitronenduft bei Pelargonium ‘Mabel Grey’ gelten noch Pelargonium citriodorum und Pelargonium citronellum. Pelargonium crispum minor oder Pelargonium crispum major ersetzen aber diese Sorten nicht, da sie zu schwach im Duft sind.
Auch was als Orangenduft-(Pelargonium ‘Prince of Orange) oder als Pfirsichduftpelargonie (Pelargonium crispum ‘Peach Cream’) zu kaufen ist, gibt ein deutliches Aroma an Speisen ab.
Generell ist zu sagen, daß alles, was Sie als Pelargonien lieben, für Sie das richtige Würzmittel im Salat oder im Fruchtsalat ist. Nur wenn Sie etwas kochen wollen, haben die angegebenen Pelargonien den Vorrang.

Die Duftpelargonie ‘Citronella’ macht ihrem Namen alle Ehre – sie duftet frisch nach Zitrone.

Rezepte

Zitronenpelargonienbutter

5–6 Blätter der Zitronenpelargonien werden lauwarm abgewaschen, abgetrocknet und im Blitzhacker (oder mit dem Hackmesser) zerkleinert. Direkt in den Hacker etwas Butter geben und ein paar Tropfen frischen Zitronensaft, dazu eine kräftige Prise Salz. Nochmals mixen, in eine Schüssel füllen und mit dem Rest der Butter (insgesamt 120 g) vermischen. In ein Schälchen streichen und mit Blüten oder Blättern einer Pelargonie dekorieren oder mit Blütenblättern einer Zonalpelargonie bestreuen. Hübsch und lecker mit frischem Weißbrot!
Die Pelargonienbutter läßt sich gut in Portionen in der Tiefkühltruhe lagern, um sie bei Bedarf aufzutauen. Sie verliert nicht an Geschmack.

Zitronenpelargonienbutter – ein Genuß!

Forelle mit Orangenpelargoniensahne

Eine große, frische Forelle in Mehl wenden und in 4 Eßlöffeln Butter braten. Fertig gegart, wird sie aus der Pfanne genommen, auf die Wärmeplatte gestellt und mit Aluminiumfolie zugedeckt. In dieselbe Pfanne werden 6 Eßlöffel Crème fraîche, 3 Eßlöffel Wasser, 2 Eßlöffel Grand Marnier, 1 Eßlöffel Cognac und ein gehäufter Teelöffel kleingeschnittener, orangenduftender Pelargonienblätter (Pelargonium 'Prince of Orange') gegeben. Bis vor den Siedepunkt bringen und mit Salz und frisch gemahlenem Pfeffer abschmecken. Die Sauce über die Forelle leeren und mit gerösteten Mandelblättchen und Orangenschnitzen dekorieren.
Salzkartoffeln und ein gutes Glas Weißwein dazu – wunderbar!

Forelle mit Orangenpelargoniensahne – köstlich!

Lammfilet mit Zitronenpelargonie à la Killy

Drei Lammfilets im Saft von zwei Limonen marinieren und eine Nacht im Kühlschrank aufbewahren. Am nächsten Tag ohne Fett kurz unter dem Grill braten, nicht rösten. Mit etwas Salz und Pfeffer würzen, in Würfel schneiden und auf jedem Würfel mit einem Zahnstocher ein Pelargonienblatt von Pelargonium crispum, das sie vorher kurz in Butter gebraten haben, fixieren.
Ein Sommer-Antipasto, das gefolgt von einem Kartoffelgratin, einem Risotto oder einem Nudelauflauf ein feines, leichtes Essen ergibt!

Kirschtomaten mit Pelargonienblättern

Kirschtomaten „Yvonne“ mit Rosenpelargonienblättern

(Für 4 Personen)
500 g Kirschtomaten waschen, abtrocknen und nicht zerteilen. 2 Eßlöffel Olivenöl in einer Pfanne erhitzen, 3 Rosenpelargonienblätter dazugeben und bei niedriger Hitze 5–10 Minuten köcheln lassen, damit sich das Aroma voll entfalten kann. Die Duftpelargonienblätter herausnehmen. Die Hitze verstärken und die Tomaten in dem aromatisierten Öl dünsten. Einen halben Teelöffel Zucker, Salz, Pfeffer und eine zerdrückte Knoblauchzehe dazugeben. Die Pfanne so lange schütteln, bis die Tomaten zu karamelisieren beginnen, sie dürfen aber nicht anbrennen. Ein Eßlöffel gehackte Petersilie darüberstreuen und auf einer mit Duftpelargonien verzierten Platte sofort servieren. Der zarte Geschmack von Duftpelargonienblättern paßt herrlich zu Kirschtomaten!

Lammfilet mit Zitronenpelargonie

Zitronenpelargonienkuchen

Susans Zitronenpelargonienkuchen

2 große Blätter einer Pelargonium 'Mabel Grey' und 4 mittelgroße oder 8 kleine Blätter von Pelargonium crispum minor reichen für dieses Rezept, natürlich lauwarm gewaschen und abgetrocknet. Zerquetschen Sie die Blätter an der Innenseite einer Schüssel, indem Sie die Blätter daran reiben. Füllen Sie 150 g Mehl in die Schüssel und vermischen Sie es mit den Blättern. Die Schüssel wird mit Zellophan überspannt und mindestens eine Stunde unter gelegentlichem Schütteln stehengelassen.
Der Ofen wird auf 180° vorgeheizt, und zwei runde Backbleche von 20 cm Durchmesser werden gefettet, bemehlt und die Pelargonienblätter aus dem Mehl gefischt und auf die beiden Formen verteilt.
30 ml Milch, ein Teelöffel Backpulver, eine Messerspitze Salz, zwei große Eier, 125 g Puderzucker, 125 g Butter und ein Teelöffel geriebene Zitronenschale werden mit dem Mehl vermengt, bis eine geschmeidige Masse entsteht. Je eine Hälfte davon wird auf die vorbereiteten Bleche verteilt und 20–25 Minuten im Ofen gebacken, bis sich der Teig vom Rand löst. Stürzen Sie die Kuchen auf ein Kuchengitter zum Auskühlen, und entfernen Sie vorsichtig die Blätter.
Für die Creme verrühren Sie 150 g Butter und 300 g Puderzucker, einen Teelöffel Zitronenschale und einen Eßlöffel Zitronensaft. Ein Drittel der Masse wird zwischen die beiden Böden verstrichen, und mit dem Rest bestreichen Sie den Rand und den Deckel des Kuchens. Stellen Sie ihn in den Kühlschrank, und dekorieren Sie ihn mit geeisten Zitronenpelargonienblättern und -blüten.

Pfefferminzsorbet

Sorbet aus Pfefferminzpelargonien

625 ml Wasser mit 185 g Zucker und der Schale von zwei Zitronen aufkochen und 5 Minuten köcheln lassen. Geben Sie eine Handvoll Pfefferminzpelargonienblätter hinein, und lassen Sie das Ganze noch 1 Minute weiterköcheln. Vom Herd nehmen und abkühlen lassen. Durch ein Sieb passieren, den Saft von zwei Zitronen dazugeben und mit ein paar Tropfen grüner Lebensmittelfarbe versehen.
Erst im Kühlschrank kühlen und dann in der Eismaschine oder im Tiefkühler unter mehrfachem Rühren zu Sorbet kristallisieren lassen.
Ein etwas ungewöhnlicher Geschmack, den selbst Kinder gerne haben. Herrlich erfrischend!

Geeiste Pelargonienblätter

Die Blätter werden lauwarm gewaschen und abgetrocknet, dann vorsichtig mit leicht verschlagenem Eiweiß bestrichen. Danach werden sie vorsichtig in Zucker gewälzt und nochmals mit Eiweiß bestrichen und wieder in Zucker gedreht, so lange, bis die Oberfläche wie vereist aussieht. Trocknen Sie die Blätter auf einem Drahtgitter in der Nähe der Türe eines schwachgeheizten Ofens oder der Heizung eine halbe Stunde und bewahren Sie sie in einer luftdicht verschlossenen Dose auf.
Puderzucker läßt sich gut mit Pelargonienblättern aromatisieren. Einfach Pelargonienblätter in ein Glas Puderzucker geben, luftdicht verschließen und ab und zu schütteln. Der Puderzucker hat den Duft der Pelargonienblätter schon nach zwei Wochen angenommen.

Apple Jelly Muffins

Eine Tasse kalter, gekochter Reis, drei Eßlöffel Zucker, einen halben Teelöffel Salz, eine Tasse Milch, anderthalb Tassen Mehl, drei gestrichene Teelöffel Backpulver, ein Ei, 60 g geschmolzene Butter und Blätter von der apfelduftenden Pelargonie Pelargonium odoratissimum.
Die trockenen Zutaten miteinander vermengen, Ei, Milch, Reis und Butter miteinander mischen und unter die anderen trockenen Zutaten rühren. Die Muffinform ausfetten und in jedes Förmchen ein Apfelpelargonienblatt legen. Die Förmchen zu zwei Dritteln mit dem Teig auffüllen und im heißen Ofen max. 25 Minuten backen.
Jedes mit einem Teelöffel mit Pelargonien aromatisiertem Gelée verzieren.

Pelargonientee, fermentiert nach Jürgen Dahl

Dazu braucht man den Rückschnitt der Duftpelargonien im September, denn der Tee verlangt eine große Blattmasse. Waschen Sie die Blätter lauwarm ab und lassen Sie sie danach ein paar Stunden trocknen. Die angetrockneten Blätter werden mit dem Nudelholz gewalkt, gerollt und eng in eine Blechdose gepackt. Dann kommt die Dose in den 50° warmen Backofen, bis die Blätter gut angetrocknet sind – ca. 3 Stunden. Sie rollen die erkalteten Blätter auf und trocknen Sie an einem warmen Ort nach. Wenn sie wirklich brüchig und ganz trocken sind, können sie wie Tee in Dosen aufbewahrt und wie Grüntee zubereitet werden, d. h. nicht zu heißes Wasser nehmen – ca. 80° Temperatur.

Apple Jelly Muffins

Eine ideale Septemberarbeit, da die Pelargonien dann bis auf ein Drittel zurückgeschnitten werden und viele Blätter anfallen. Im Winter eine duftende Erinnerung an die schöne Sommerzeit!

Gelée de tomates au Pélargonium Rose

2 kg reife Tomaten waschen und in Stücke schneiden. In einen großen Topf geben und 6 lauwarm abgewaschene Rosenpelargonienblätter dazugeben. Mit etwas Wasser weich kochen, vom Herd nehmen und abkühlen lassen.
Durch ein Sieb passieren, den Saft abmessen und wieder in den gespülten Topf geben. Pro 600 ml Saft 500 g Einmachzucker dazugeben. Eine aufgeschlitzte Vanilleschote hinzufügen. Bei niedriger Hitze umrühren, bis sich der Zucker aufgelöst hat. 10 Minuten kochen, bis das Gelee fest wird. Vanilleschote entfernen. In saubere Gläser gießen. Am nächsten Tag mit Wachspapier abdecken und verschließen.
Zu Biskuitkuchen servieren – aber auch eine feine Delikatesse zu Rindsbraten oder Wild!

Duftpelargonientee im verschließbaren Weckglas, damit das Aroma erhalten bleibt, und Gelée de tomates sind zwei Varianten von vielen, die mit Pelargonien für die Küche umgesetzt werden können.

Heilmittel

Duftpelargonien-sträußchen

In Südafrika zählen die Pelargonien zu den Heilmitteln, die speziell bei Darmkrankheiten, Bronchitis und Fieber eingesetzt werden. Die Knollen von Pelargonium sidoides und Pelargonium reniforme werden für das bekannte Mittel Umckaloabo verwendet, das bei Bronchitis schnell Erleichterung bringt. Dieses Mittel findet man auch in europäischen Apotheken, und es ist ausgezeichnet in seiner Wirkung, wie Versuche an bronchitiskranken Kindern bewiesen haben.
In Südafrika selber verwendet vor allem die einheimische Landbevölkerung Pelargonien zu Heilzwecken, und sie gibt die Rezepte von Generation zu Generation weiter. Die Afrikaner stecken sich z. B. Pelargonienblätter in die Ohren, als Mittel gegen Ohrenschmerzen. Im Buch der „Medizinal Plants of Southafrica" von 1997 ist beschrieben, daß von Pelargonium luridum der Wurzelstock geerntet wird und frisch als Mittel gegen Durchfall eingenommen wird. Die Knolle von Pelargonium antidysentericum wird in Milch gekocht, oder die Wurzeln werden roh gekaut oder geraffelt und mit dem Essen vermischt.
Wissenschaftlich bewiesen ist allein das Bronchitismittel Umckaloabo, aber sicher finden in der Phytotherapie noch weitere Pelargonien Verwendung, z. B. Pelargonium rapaceum und Pelargonium triste.

Das sogenannte Rosenöl

In Lyon ist 1819 die erste Darstellung von Öl aus Pelargonienblättern zu finden. Zu seiner Gewinnung wurden vor allem die Pelargonie graveolens, Pelargonium capitatum und Pelargonium odora-

tissimum verwendet. 1847 wurden größere Kulturen von dem Experten Demarson, später von Chris und Monks in Algier angelegt.
Die Jahre danach kamen Südfrankreich, Spanien, Korsika und La Réunion als Anbaugebiete dazu. Je nach Vegetationszeit und Klima konnte bis zu dreimal geschnitten werden. Das stärkste Pelargonienöl stammte aus Spanien, gefolgt von La Réunion, Frankreich und Algerien. Es wurde durch Destillation mit Wasserdampf aus den Blättern gewonnen. 1843 gab es allein in Algerien schon 48 Destillationsanlagen!
Das Pelargonienöl enthält hauptsächlich die beiden Terpene Geraniol und Citronellol und findet in der Parfümindustrie zur Verfälschung des echten Rosenöls, dem es im Geruch sehr ähnelt, Verwendung. Das echte Rosenöl wird auch häufig mit ostindischen Grasölen, Terpentinöl und Zedernöl versetzt. Es unterscheidet sich von den fetten Ölen durch seine leichte Löslichkeit in Alkohol.
Wenn man bedenkt, daß zur Gewinnung von 1 kg reinen bulgarischen Rosenöls aus den Blüten der Damaszenerrose etwa 4000–5000 kg Blütenblätter erforderlich sind und diese nur von Hand gepflückt werden können, dann versteht man das Interesse am Ersatz für diese Duftrosen.
Die „International Standards Organisation" (ISO) 4731 beschreibt die Pelargonienöle als „ätherische Öle, die durch Wasserdampfdestillation der oberirdischen Teile von Pelargonium graveolens und Pelargonium roseum und deren Kulturformen und Züchtungen erhalten werden". Dabei bleibt viel Spielraum in bezug auf Arten und Sorten offen. Dazu kommt, daß die Ausbeute zwischen 0,1 % und 0,3 % variieren kann und die quantitative Zusammensetzung von Ölen unterschiedlicher

Herkunft merklich variiert. Das heißt, daß nicht jedes Pelargonienöl gleich, sondern in Gehalt und Qualität stark unterschiedlich ist.
Heute ist das Rosenöl seltener geworden. Die großen Aromen- und Duftstoffproduzenten, die sogar Bratenduft oder Brotduft künstlich herstellen können, brauchen den Pelargonienanbau in dem Umfang nicht mehr, sie können das Duftöl anhand der chemischen Zusammensetzungen kreieren. Unsere Nasen können kaum ein synthetisches Pelargonienöl von einem echten unterscheiden. Wer echtes Rosenöl aus Bulgarien besitzt, hat sicher nur eine kleine Phiole mit ein paar Tropfen intensiven Duftes darin und ist damit stolzer Besitzer einer Rarität.
Auf Nordafrikas Märkten findet man Pelargonium graveolens in großen Büscheln zu kaufen. Sie sind aber nicht für die private Herstellung von Pelargonienöl gedacht. Sie werden zum Würzen von Gerichten verwendet oder zur Parfümierung von Wasser gebraucht.

„Eingemachte Düfte"

Pelargonienblätter können getrocknet mit anderen Duftblättern für Potpourri in kleine Musselin-Säckchen gefüllt werden. Wichtig ist, daß sie duftverwandte Mischungen herstellen, wie z. B. Zitrusmischungen, Rosenduftmischungen, Orangenduftmischungen etc. Gewürze wie Zimtstangen, Nelken, Vanillestangen oder Lorbeerblätter ergänzen die Duftmischungen positiv, sollten aber den Hauptduft nicht übertönen.
In der Apotheke erhalten sie Iriswurzelpulver, das zur Haltbarkeit und zur Duftverstärkung der Potpourri beiträgt (3 Eßlöffel Pulver auf 10 Tassen getrocknete Blätter). Wenn Sie starken Duft errei-

chen wollen, geben Sie noch entsprechende aromatische Öle (Geranienöl) dazu. Manche Blüten oder Blätter verlieren beim Trocknen etwas Duft. Pflücken Sie die Blüten und Blätter zum Trocknen am frühen Nachmittag eines heißen, trockenen Tages.
Breiten Sie alles, was Ihre Nase an Duftblättern mag, auf Küchenkrepp auf Gittern im Schatten aus und lassen es dort trocknen. Die in Büchern aufgeführten Duftmischungen sind das Resultat langer Versuche. Da häufig die Zutaten von vorgeschlagenen Potpourris nicht komplett in Küche und Garten vorhanden sind, nehmen Sie nach Gutdünken Blüten und Blätter und stimmen sich versuchshalber auf einen persönlichen Duftwunsch ein.
Mischen Sie die trockenen Blätter in einer Schale und schauen Sie, ob Sie das Resultat noch farblich verbessern können, indem Sie nichtduftende, getrocknete Blätter oder Blütenblätter daruntermischen, z. B. gelbe oder orange-, auch dunkelrote oder cremefarbene Töne. Die farbliche Auswahl eines Stoffes für Säckchen oder das Besticken mit Pelargonienblattmotiven macht sicher Spaß und ist für ganz Fleißige die Krönung des Arbeitsaufwandes und ein zusätzliches dekoratives Element. Duftsäckchen im Garderobenschrank, im Eingangsbereich, im Bad, im Wäscheschrank oder sogar in der Schachtel mit Briefpapier sorgen für ein kleines zufriedenes Lächeln beim Öffnen!

Aussaat

Den Pflanzenliebhaber juckt es im Februar/März schon kräftig in den Fingern: Aussaatzeit! Wie sieht er schon im Geiste die Pflanzen prächtig blühen und vergißt, wie oft er mit den einzelnen Pflänzchen zu tun hatte, wieviel Zeit er mit Katalogen und Bestellungen verbrachte. Er vergißt es spätestens dann, wenn die Aussaat keimt und die Winzlinge sich erfolgversprechend in der Schale recken. Wie ist das nun mit den Pelargonien – lohnt es sich überhaupt, ihre Samen zu sammeln und sie zu ziehen?
Für denjenigen, der gerne den Entwicklungsprozeß miterlebt oder auch Mengen an Pelargonienpflanzen braucht, ist das zwar nicht der kürzeste, auch nicht der sicherste, aber auf alle Fälle der spannendste Weg.
Der Botaniker allerdings würde die Samen auf keinen Fall verwenden, weil er nicht sicher sein kann, ob Kreuzungen unter verschiedenen Pelargonien stattgefunden haben und das Resultat ein echter Nachkömmling der beiden Elternpflanzen ist. Aber der Hobbygärtner kann unbefangen alles ausprobieren.
Und wann? Aussaat klappt bei günstigen Bedingungen zu jeder Jahreszeit, wobei ich die Monate Oktober/November/Dezember ausklammern möchte. Die botanischen Arten machen da keine Ausnahme. Auch am Zimmerfenster hat man dann wenig Glück mit ihnen, aber der Februar bringt schon wieder gute Erfolge.
Die Samen werden in Aussaaterde gesteckt, viel Licht ist nötig, ca. 20–22° Celsius und regelmäßige Feuchtigkeit, sie dürfen aber nicht zu naß stehen (es reicht, wenn man ab und zu ein bißchen mit der Sprayflasche näßt). Die Sämlinge keimen

nach ca. fünf Tagen, und bald darauf sieht man schon die ersten typischen Merkmale der Blättchen – den braunen Ring oder die ausgefallene Blattform. Eine interessante Ausnahme gibt es bei Pelargonium bowkeri – sie durchwandert vier verschiedene Blattformen, bis sie sich für die endgültige typische Pelargonium-bowkeri-Form entscheidet!
Zwölf Tage nach Erscheinen der Pflänzchen werden sie in kleine Töpfe mit Geranienerde pikiert. Sobald das Wurzelwerk keinen Platz mehr findet, wird in 2 cm größere Tontöpfe getopft usw. Wenn die Bedingungen stimmen und zum richtigen Zeitpunkt ausgesät wurde, hat man zum Auspflanzungszeitpunkt, dem 15. Mai, gutentwickelte Pflanzen.
Der 15. Mai ist der Zeitpunkt, an dem die Pelargonien frostsicher ins Freie gebracht werden können.
Die Aussaat macht auch Kindern häufig viel Spaß und beschäftigt sie auf sinnvolle Art. Der frische Pelargoniensamen keimt schnell und zehrt nicht so an der Geduld der kleinen Gärtner.
Eine kleine Spielerei noch dazu: Der Pelargoniensamen ist als Hygrometer zu verwenden! Je feuchter der Samen, desto grader streckt er sich. Bei Trockenheit ist er wie ein Korkenzieher spiralförmig aufgerollt. Die Drehbewegung findet sogar in der bloßen Hand statt: Legen Sie in der Sonne einen feuchten Samen auf die Hand, und haben Sie einen Moment Geduld – er fängt an sich zu drehen.

Stecklingsvermehrung

Es irritiert sicher, daß die beste Stecklingsvermehrung im August/September gemacht wird. In die-

sen beiden Monaten sind die Pflanzen in voller Blüte: Wie kann man da nur Stecklinge schneiden?
Anfang September sollte ein Rückschnitt der Pelargonien stattfinden, damit sie sich im Herbst nochmals mit der Herbstsonne kräftig entwickeln und mit guten Voraussetzungen den Winter überstehen. Wenn dann die Pflanzen auf ein Drittel zurückgeschnitten werden, stehen automatisch viele Stecklinge zur Verfügung.
Diese werden entweder mit 10 cm Länge geschnitten oder aus der Blattachse (Ansatzstelle der Blätter) gerissen. Die geschnittenen Stecklinge müssen unter der Blattachse abgeschnitten, die Rißlinge nicht mehr nachgeschnitten werden. Beide Arten werden von den großen Blättern im unteren Bereich und von Blüten oder Knospen befreit.
Ein Töpfchen mit feuchter Aussaaterde wird bereitgemacht und der Steckling ca. 1 cm tief in die Erde gesteckt und fest angedrückt. Vier Tage wird der Steckling im Halbschatten belassen und trocken gehalten, dann wird er an die Sonne gerückt und wieder gegossen. Wenn er bewurzelt ist, pflanzt man ihn in gedüngte Erde, knipst die Triebspitze aus, und es sprießen aus den Blattachsen neue Blattstiele und Blätter.
Die Pflanze wird besonders buschig, wenn die Triebspitzen immer wieder ausgeknipst werden, was den Pflanzenliebhabern im allgemeinen etwas schwerfällt.
Im Winter stehen die Jungpflänzchen dann auf dem kühlen Fensterbrett, und sie sind die ersten, die im Frühling, mit dem stärker werdenden Licht, blühen.

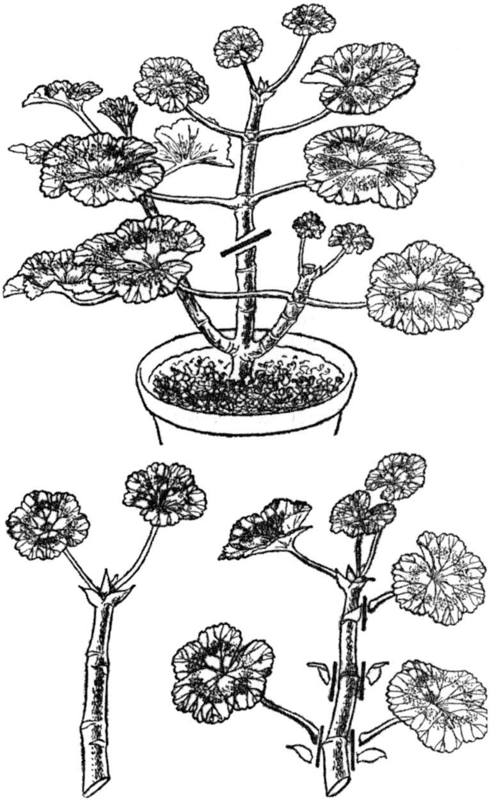

Stecklings- und Rückschnitt bei Zonalpelargonien

Der ideale Standort

Wichtig ist, die Duftpelargonien so unterzubringen, daß wir sie mit Leichtigkeit berühren können, um ihr Aroma zu wecken. Wollen wir unsere Balkonkästen nach außen hin mit Blütenpelargonien, nach innen zu aber mit laubduftenden Arten bepflanzen, so genügen die viel zu schmalen Serienkästen nicht.
Das richtige Maß für pflanzengerechte Holzkästen ist die Breite von 20 Zentimetern. Bei solcher Tiefe kann man die kleineren Arten in ihren Tontöpfen belassen und die Zwischenräume mit Erde auffüllen. Das hat den Vorteil, daß die kostbaren Aromaspender bei der Hereinnahme im Spätherbst in ihrem Wachstum nicht gestört werden. Die Tontöpfe sind für den Feuchtigkeitsaustausch wichtig, und sie geben einen guten Stand.
Bei der Bepflanzung von Ampeln sollten man darauf achten, daß diese nicht höher als in Reichhöhe aufgehängt werden – nicht nur um bequem gießen zu können, sondern auch, um den Duft direkt vor der Nase zu genießen.
In einem Haus mit breiter Treppe zum Garten sind die blattaromatischen Pelargonien ganz besonders schön untergebracht, wenn man sie in ihren Größen und Formen seitlich auf die Stufen stellt. Auch im Garten sollen die Dufter dort stehen, wo man sich häufig aufhält. Entweder zwischen den Fliesen eines Weges oder direkt im Beet, immer mit dem Topf eingesenkt. Sie können dort hübsch umpflanzt werden, vielleicht sogar mit Freilandgeranien.
Ein wichtiger Punkt bei der Zusammenstellung von Gruppen ist die harmonische Anpassung der besonderen Duftnoten aneinander. Sie dürfen sich nicht gegenseitig stören oder sogar aufheben, und

daher ist es sinnvoll, verwandte Duftnuancen in einer Gruppe zu vereinen. Das ergibt einen vollen, schönen Duftakkord. So passen Orange, Zitrone und Apfel zusammen, dann die Rosendüfte in einer eigenen Gruppe, die harzigen Düfte beieinander und die Pfefferminzdufter separat.

Folgende Doppelseite: Pelargonienvielfalt in schöner Gesellschaft – ein Blickfang fürs Auge

Die Überwinterung

Die Zonalpelargonien zu überwintern ist nicht jedermanns Sache. Dazu sind die heutigen Wohnungen oft zu warm, und es fehlt an Platz. Denn für diese Pflanzen gilt die Faustregel: So kühl wie möglich, so hell wie möglich und trocken. Flure, Keller- und Garagenfenster, Schuppen oder Dachböden bieten sich an, nur unter 5° Grad sollte es nicht werden. Jeden Monat wird nur wenig gegossen, im März kommen die Zonalpelargonien in gedüngte Erde, werden ausgeputzt und heller und wärmer gestellt.
Dasselbe gilt auch für die Efeupelargonien. Wenn Sie die Hänger im Spätherbst ins Haus nehmen und nicht zurückschneiden, werden sie immer länger, was ein Problem beim Einwintern sein kann. Man kann sich behelfen, indem man die langen Triebe um den Topf wickelt und mit den anderen Pelargonien an einem hellen, kühlen Ort versorgt. Sie werden im März in gedüngte Erde getopft und im Frühjahr etwas entblättert auf den Balkon gestellt – Achtung, sie sind sehr frostempfindlich! Mit der Frühjahrswärme entwickelt sich aus den Blattachsen frisches Grün, und die Pelargonien sehen wieder ansehnlich aus. Im Gegensatz zu den Zonalpelargonien, die zum Aufbau Stickstoff (Blattdünger) bevorzugen, lieben sie Kali (Blütendünger) und kommen mit magerem Substrat aus, wenn man sie regelmäßig düngt.

Der Pelargoniendoktor

Fieber bekommt die Pelargonie sicher nicht, aber da eine Topfkultur in unseren Breiten nicht immer optimal verläuft, ist es doch auch wichtig zu wissen, was man bei Problemen mit der Pflanzengesundheit machen kann. Voraussetzung ist jedoch immer eine Kultur in Tontöpfen!

Die Pflanze entwickelt sich schlecht, die Erde sieht schlammig aus: Riechen Sie an der Erde, wenn sie stinkt, sollte sie ausgewechselt werden. Nicht vergessen: ein Drittel Sand, ein Drittel Gartenerde, ein Drittel Kompost, eventuell etwas Lehm dazu, ein Teelöffel Kalk pro Topf!

Der Pflanzenstiel wird von unten her schwarz: Dabei handelt es sich um Stengelfäule, und man kann die Pelargonie nur noch retten, wenn man aus der Pflanzenkrone Stecklinge macht (siehe „Stecklingsvermehrung"). Da die Stengelfäule langsam aufsteigt, sind die oberen Pflanzenteile vielleicht noch nicht infiziert. Beim Durchschneiden des Stengels sollte eine grüne Schnittfläche zu sehen sein.

Kleine Trauermücken schweben über der Pflanzenerde oder krabbeln im Topf herum: Entweder Sie kaufen ein Mittel gegen Trauermücken oder Sie waschen die Pflanzenwurzel ab und topfen in neue Erde. Die Larven sind unter der Erdoberfläche und beschädigen sonst die Wurzeln. Es lohnt sich auch, die Erde mit kleinen Steinchen oder Gartenkies zu bedecken – das behindert die Trauermücke ein wenig.

Läuse sind an der Triebspitze: Hat man nur ein paar Pflanzen, kann man sie mit einem Pinsel entfernen oder die Läuse mit kaltem Wasser, unter Zusatz von ein paar Tropfen Schmierseife, abwaschen. Ganz sicher hilft auch ein Standortwechsel

an einen windigen Platz an der Sonne. Letzte Möglichkeit ist ein chemisches Anti-Läusemittel. Weiße Fliege ist eine der Hauptplagen. Auch da hilft ein Umstellen an die volle Sonne, ebenso Abspritzen mit kaltem Wasser, Bestäuben mit Gesteinsmehl und im Notfall ein Anti-Weiße-Fliege-Mittel, und das nicht erst, wenn die Pflanze schon komplett befallen ist. Da die Fliegen bei Berührung auffliegen, sieht man sie meistens rechtzeitig. Sie richten großen Schaden an, und da sie in verschiedenen Entwicklungsstadien unter den Blättern leben, muß mehrmals hintereinander mit einem Insektizid gesprayt werden, um ja auch alle sich neu entwickelnden Fliegen zu vernichten.
Gelbe Blätter: Die Pflanze steht zu naß, zu trocken, zu warm, zu kalt. Häufig ist die unregelmäßige Pflege schuld. Lassen Sie die Pelargonienerde gut austrocknen, bevor sie wieder gießen. Ist es längere Zeit naßkalt, sollten die Pflanzen so trocken wie möglich stehen.
Angel- und Edelpelargonien kühler stellen als andere Arten. Sonne und Wärme helfen schnell, zu naß gestellte Pelargonien wieder zu trocknen. Wenn die Erde gut drainiert ist, vertragen Pelargonien besser die Nässe im Topf. Steinchen, Perlit und Leca- oder Lavagranulat sorgen für Abhilfe. Morgens gießen und für viel frische Luft sorgen, den Wetterbericht lesen fürs Gießen! Generell gilt für das Wässern: Je größer die Blätter, desto stärker verdunsten sie Wasser, d. h. mehr gießen. Pflanzen mit kleinen oder wenigen Blättern brauchen weniger Wasser und sollten immer wieder abtrocknen, bevor wieder gegossen wird. Pflanzen mit grauen Blättern vertragen meistens sehr gut die Trockenheit.
Die Pflanzen wachsen aus und sehen nicht mehr kompakt aus: Kürzen Sie die Triebe kräftig ein,

Gegenüberliegende Seite: Schöne panaschierte Pelargonie 'Verona'

Pelargonien haben Keimzellen in den Blattachsen, auf den Stengeln und auf den Wurzeln. Wenn Sie Angst vor dem Eingehen der Pflanze haben, kürzen Sie erst einmal ein Drittel der Pflanze und warten auf den neuen Austrieb. Dann folgt mit Abstand das nächste Drittel usw.
Pelargonienrost sind kleine, braunrote Kreise unter den Blättern. Die Blätter der befallenen Pflanzen müssen sofort entfernt werden. Dazu die Pflanze draußen in einen Plastiksack stecken, im Sack die Blätter abknipsen und das Laub mit dem Plastiksack in den Müllsack tun. Die Blätter nicht auf den Kompost werfen, da die Infektionsgefahr für die anderen gesunden Pflanzen sehr hoch ist. Anschließend immer wieder kontrollieren, ob an der infizierten Pflanze oder den anderen Pelargonien braune Rostpunkte zu finden sind. Im Notfall hilft dann noch die Chemie.
Um Bakterien und Viruskrankheiten am Pflanzenstengel zu vermeiden, knipsen Sie immer den Blatt- oder Blütenstiel in der Hälfte ab, damit an der verwundeten Stengelstelle keine Erreger eindringen können. Der restliche Stiel trocknet und fällt von alleine ab.
Achtung mit Torf in der Erde! Torf verlangt regelmäßiges Wässern. Ansonsten trocknet der Erdballen aus. Ab und zu mal einen Topf kurz anheben – am Gewicht erkennt man, ob eine Pflanze gut gewässert ist oder nicht. Wichtig ist, daß Sie immer nur auf die Erde, nicht auf die Blätter gießen und nicht mit einem scharfen Strahl.
Wie alt kann eine Pelargonie werden? Eine Zonalpelargonie wird etwa sechs Jahre, auch älter, aber sie wird dann immer schwieriger zu pflegen. Ab dann sollten schon die Nachkommen für sie parat sein, und so kann sie sich über mehr als ein Jahrhundert in der Liebhaberfamilie halten.

Kleine Randgeschichten

Namen

Interessant ist die Namensgebung für die Pelargonien. Von den lateinischen Bezeichnungen zu den ersten Zufallshybriden war ein großer Schritt zu vollziehen. Und so bekamen diese Pelargonien erst einmal die Namen der Gärtner oder ihrer Arbeitgeber, bei denen sie entstanden sind: Oberbürgermeister Heim, Apotheker Schrade, Dr. Neubert, Hofgärtner Huber.
Nachdem aus den Zufallstreffern gezielte Züchtungen geworden waren, wurden sie nach den Mitgliedern der Familien benannt: Madame Lemoine, Emil Lemoine, Marie Lemoine usw. Dazu wurden die Neuheiten ehrenwerten Persönlichkeiten oder Gönnern zugedacht, wie Duc d'Edinburg, Lord Derby, König Albert, Baron de Roman, Reichspräsident von Hindenburg.
Etwas pathetische Bezeichnungen gehörten ebenfalls dazu wie Reformator, Rival, Konkurrent, Erfolg, Fiat, Favorit und Weltruf, immer im Glauben an den zukünftigen Erfolg. Gefolgt von Städtenamen, dem Ort der jeweiligen Züchtung, wie Gloire de Nancy, Triomphe de Reuil, Ulmer Brilliant, Perle von Wien, auch Gruß aus ..., Gruß an ..., Feuerzauber, Feuerzwerg, Feuerregen in Anlehnung an das Feuerrot. Für Rosa gab es Rosalinde, Rosa Königer, Rosa Wartmann, Rosafeuer, Rosamanda, Rosa Königin ..., viele Berge, Orte, Planeten und dazu die Anhängsel -zauber, -liebling, -sonne, -perle, -freude und -rose.
Neben Konkurrenz und Rivalität, Stolz, Ruhm und Ehre spürte man immer auch die Begeisterung für die Schönheit dieser weitverbreiteten Pflanze.

Verkauf mit Herzblut

Um fünf Uhr morgens schon in Richtung Pflanzenmarkt unterwegs zu sein, ist nicht jedermanns Sache. Aber für einige Pflanzensammler ist das der Höhepunkt ihres Pflanzenjahres, an dem sie mit ihren überzähligen Schätzen an die Öffentlichkeit treten! Das wird schon früh im Jahr vorbereitet, überlegt und ausgewählt.
Die Pflanzen sind die Visitenkarten des Sammlers, der an diesem Tag zum Verkäufer wird. Ist das richtige Sortiment dabei, sind die Kunden dieses Jahres vor allem an der Röschenpelargonie oder mehr an den Duftern interessiert? Ist der Stand auch attraktiv genug, sollten die Großen nicht noch weiter hinten stehen und und und …
Mit dem ersten Kunden beginnt die Hochstimmung, die sich höchstens in der Mittagspause etwas beruhigt. Da sind sie wieder, die lieben Seelenverwandten, die genauso Süchtigen, die Kenner und Gönner, die Käufer und Liebhaber – eine große Familie! Da werden am Rande noch Sorgen und Veränderungen mitgeteilt, und es wird hochheilig der Besuch für dieses Jahr versprochen. Da wird gezeigt und vermittelt, da werden Adressen ausgetauscht, und man verabschiedet sich mit Herzlichkeit und Freude über die Treue.
Das ist der Moment, in dem wir die Pelargonie von Herzen lieben und alles, was mit ihr zusammenhängt. Erschöpft werden erst zu Hause die Einnahmen gezählt, und wenn genug zur Deckung des Heizstroms und der Neukäufe, für Erde und Töpfe übrigbleibt, betreten wir mit den Rest das Gewächshaus wie Könige und werfen unseren Schützlingen ein paar lange, liebevolle Blicke zu.

Überwinterungsversuch im Freien

Der Kurator der Wüsten- und subtropischen Pflanzen des Botanischen Gartens in der Bronx, einem Stadtteil von New York, ist Herr Ernie de Marie. Seine Überwinterungsversuche von Pelargonien im Freien in New York waren vor allem dann erfolgreich, wenn sie „in Sand gebettet wurden“. Die Hauptschwierigkeit war dabei die andauernde Feuchtigkeit im Winter, die er mit Hilfe von Sand als Drainage löste.

Herr Ernie de Marie ist Liebhaber südafrikanischer Pflanzen und beschäftigt sich schon seit Jahren mit Versuchen im Freien. Dazu nimmt er auch Geophyten, die er mit Bodendeckern überzieht, damit ein Puffer die extremen Temperaturschwankungen ein wenig ausgleicht.

Herrn de Marie ist es gelungen, Pelargonium luridum, Pelargonium hypoleucum (Selbstaussaat im Frühling), Pelargonium odoratissimum und Pelargonium sidoides, Pelargonium reniforme, Pelargonium alchemilloides, Pelargonium leucophyllum und Pelargonium myrrhifolium über den New Yorker Winter zu bringen. Eine interessante Versuchsreihe, die eine ganz Portion Engagement, Mut zu Verlusten und Wissen um die Pelargonienbedürfnisse braucht.

Wenn unsere Winter weiterhin so warm bleiben, könnte ja ein Versuch mit überflüssigen Samen oder Knöllchen stattfinden. Es gibt bei Häusern oft sonnige Ecken, die trocken und steinig sind und die sich für vorsichtige Versuche anbieten. Natürlich gilt das nicht für stengel- oder blattsukkulente Pelargonien, nur für Geophyten und krautige Dufter sowie deren Samen.

Pelargonien grenzenlos

Sir Peter Smithers erzählte bei der Verleihung des Von-Schulthess-Preises an Pflanzensammler in seiner Dankesrede: „Ich bin glücklich, daß es das Internet gibt! So viele internationale Pflanzenfreunde habe ich noch nie besessen." Er hätte zwar immer Briefwechsel gepflegt und viele Besucher in Vico Morcote, Tessin, gehabt, aber so weltweite Kontakte hätte er nie zuvor gehabt.
Und so plaudert er mit seinen Internetfreunden und muß weder seinen Garten verlassen noch beschwerliche Reisen antreten, er findet in Australien wie in Amerika viele Seelenverwandte – es ist wunderbar! Er ist über neunzig Jahre alt und genießt weltweites Ansehen. Und das Witzigste dabei: Er hat inzwischen eine Menge Sorten und Arten: „Internettea" – neue Spezies, die er sich nie auch nur erträumt hätte.
In Italien war früher ein Wettspiel namens „Far il verde" sehr beliebt. Dabei verlor diejenige Person, die sich ohne ein frisches Geranienblatt antreffen ließ.
Ein Spiel, daß man in Sammlerkreisen unter heutigen Pelargonien-Liebhabern weiterspielen könnte – Pelargonien grenzenlos!

Ausklang

Manche von mir erfolglos gezogene Pelargonie brachte es nach dem Wegwerfen auf dem Kompost zu wunderschöner Blüte. Auch meine Topfkultur war nicht immer erfolgreich – aber neben dem Topf entwickelten sich hübsche kleine Ausreißer.
Vor einer riesigen grauen Fassade ein kleines Pelargonientöpfchen mit knallroter Blüte – das berührt die Liebhaberseele ganz eigenwillig! In Südafrika auf dem Kuchenteller mit einem Stück Apfelkuchen ein Duftpelargonienblatt und eine Blüte – unerwartet und deswegen so schön.
Die Katze, die trotz größten Sortenangebots immer nur neben der einen Rosenpelargonie nächtigt. Und die Feststellung, daß die gekaufte Sorte zwar leider nicht die erträumte, aber trotz falscher Beschilderung auch ganz schön ist.
Oder die Tochter im Sandkasten, die mit den totgeglaubten Pflanzen „Stecklinge machen“ gespielt hatte und so eine Menge Sorten rettete – sehr zur Freude der Mutter.
Es gibt viele kleine Geschichten über die Pelargonie, denn sie ist an so vielen Orten zu finden. Nicht nur darum möchte ich sie nicht mehr missen, sondern vor allem wegen ihrer Erscheinungsvielfalt, ihrer Vielseitigkeit und ihres kulturellen Werts. So zäh, wie sie in der Natur unter extremen Bedingungen sein kann, so zäh verteidigt sie ihren Platz bei ihren Besitzern. Selbst Pflanzenliebhaber, die sich anderen Pflanzenarten verschrieben haben, erklären beiläufig, daß sie auch ein paar Pelargonien „nebenbei“ hegen.
Es würde mich freuen, wenn ich bei manchem Leser das Interesse für diese faszinierende Pflanze wecken konnte und sich die Familie der Pelargonien-Liebhaber dadurch weiterhin vergrößert: Wir treffen uns wieder in „Pelargonien“!

Zum Auspflanzen für den Balkon bestimmt: Stellarpelargonien

Besichtigungs- und Bezugsquellen für Pelargonium-Arten und -Sorten

Deutschland

Die Botanischen Gärten in Berlin, Frankfurt und Tübingen stellen Pelargonien aus und sicher viele andere: ein Besuch in botanischen Gärten lohnt sich generell. Das Botanische Institut Münster beherbergt die größte Pelargoniensammlung.

Gartenbau Dieter Stegmeier, Unteres Dorf 7, D-73457 Essingen/Aalen, enormes Sortiment, botanische Arten und viele Sorten, auch Versand

„Syringa" Duft- und Würzkräuter, Bachstraße 7, D-78247 Hilzingen, schönes Duftsortiment, Versand im Frühling

In Deutschland führen die Gärtnereien Wiedemann in Aufhausen und die Gärtnerei Baum in Leonberg schon seit langen Jahren Pelargonien. Vor 20 Jahren waren es häufig Privatpersonen, die sich um Pelargonien bemühten, heute findet man in vielen Gärtnereien in Deutschland Duftpelargonien und ausgefallene Zonalpelargoniensorten.

Holland

Pflanzenmärkte sind eine große Quelle, voran „Haus Bingerden" in Angerlo bei Arnhem. Dort werden jedes Jahr internationale Gartentage veranstaltet, bei denen interessante Gärtnereien vertreten sind. Da Holland eins der ersten Pelargonienländer war, findet man dort viel Altes und Neues zum Thema Pelargonien, in Amsterdam genauso wie in Leyden und in vielen Gärtnereien in ganz Holland.

Belgien

'Pelargonium' Katrien Michiels, Kruisstraat 51, B-2500 Lier-Kroningshooikt, sehr großes Sortiment, kein Versand

Italien
L'Oasi del Geranio, Silvana e Carlo Giorgi, Via Aurelia 312, I-17023 Ceriale, enormes Sortiment, botanische Arten und viele Sorten, kein Versand

England
„The Vernon Geranium Nursery", Cuddington Way, Cheam, Sutton, Surrey. SM2 7JB führt ein riesiges Sortiment an Zonalpelargonien, Versand Frühling und Herbst
Die Fibrex-Nurseries LTD, Honeybourne Road, Pebworth, Stratford upon Avon, CV37 8XT, beherbergt die „National Pelargonium Collection" in England.
Ein Besuch der „Chelsea Flower Show" in London im Frühjahr lohnt sich immer! (Kein Verkauf, aber Adressen)

Frankreich
In Frankreich haben viele Gärtnereien zu ihrem laufenden Jahresangebot an Pflanzen auch Duftpelargonien und alte Zonalsorten.
Paris, Rocquencourt, Bourges, Nizza, Monaco und Caen hegen Sammlungen in Parks und Gewächshäusern der naturhistorischen Museen oder Botanischen Gärten.

Schweden
Der Botanische Garten in Upsala, Schweden, hat eine schöne Pelargoniensammlung und bemüht sich sehr, alte Zonalsorten wiederzufinden – mit großem Erfolg.

Schweiz
Der Botanische Garten Zürich hatte sich 1999 ein ganzes Jahr die Familie der Geraniaceae zum Thema gemacht. Dort findet man immer noch ein

großes Sortiment botanischer Arten und einige Pelargonien-Sorten.

Weitere interessante Länder, die sich mit Züchtungen beschäftigen oder in denen man viele Pelargoniensorten findet, sind Rußland, Georgien, Tschechien und die Slowakei, Portugal und die Mittelmeerländer. Amerika ist unerschöpflich, vor allem Kalifornien für Duftpelargoniensorten, und Ost- und Westaustralien.

Literatur

„Vilmorins Blumengärtnerei“, U. Siebert & U. Voss, Band I, Paul Parey, 1896
Illustrierte Flora von Mittel-Europa, Dr. Gustav Hegi, Lehmanns Verlag, München (Dicotyledones, II. Teil)
Kulturen für den Blumen- und Zierpflanzenbau, Pelargonium, Heft 1, Deutsche Gärtnerbörse Aachen 1949
The Horticultural Exhibitor's Manual, A. G. L. Hellyer F. L. S., Hazell Watson & Viney Ltd., London, 1952
„Duftende Pflanzen in Garten und Haus“, Frider Plenzat, C. Bertelsmann Verlag, 1963
„Das Pflanzenreich“, A. Engler und R. Knuth, 1912, reprinted 1968, Engelmann, Weinheim
„Geraniums and Pelargoniums“, H. G. Witham Fogg, 1975, The Garden Book Club, London
„Pelargoniums of Southern Africa“, Van der Walt and Voster, Volume I, II, III, Kirstenbosch SA, 1977, 1981, 1988
„Growing Geraniums & Pelargoniums in the Southern Hemisphere“, Llewellyn, Hudson and Morrison, Croom Helm, London and Sydney, 1981
„Scented Leaf Pelargoniums“, Diana O'Brien, Geraniums Galore, Canberra, 1983

„The Pelargonium Family“, William J. Webb, Croom Helm, London & Sydney, 1984
„Geraniums & Pelargoniums“, Jan Taylor, The Crowood Press, UK, 1988
„Pelargoniums“, David Clark, The Hamlyn Publishing Group, 1988
„The Complete Geranium“, Susan Conder, Breslich & Foss, London, 1992
„L'Essentiel sur les Pélargoniums“, Jean-Pierre Damion, Jardins de France, 1992
„Pelargoniums with Scented Leafs“, David Barrett & Richard Clifton, Wales, 1993
Archiv des Verlags „Der Gartenbau“, Solothurn, Antiquariat, Pflanzenkataloge, Marktberichte ab 1868, und die Gärtnerfachzeitschriften „Der Gartenbau“ ab 1879 und „Die Gartenwelt“ ab 1910 (später der „Blumen- und Pflanzenbau“).

Pflanzenregister

Das Pelargonien-Register ist unterteilt in allgemein genannte Pflanzen, in Pelargonien mit Namen z. B. P. ‘A Happy Thought’ und Pelargonium-Sorten und -Arten z. B. P. alchemilloides.

Impressum/Autorinnen

Die Deutsche Bibliothek – CIP-Einheitsaufnahme
Pelargonien / Marion Nickig (Fotos) ; Barbara Pöschel (Text).
– 1. Aufl.. – Hamburg : Ellert und Richter, 2002
ISBN 3-8319-0039-6

Text und Bildlegenden: Barbara Pöschel, Winterthur, Schweiz
Fotos: Marion Nickig, Essen
Gestaltung: Büro Brückner + Partner, Bremen
Satz und Lithographie: KCS GmbH, Buchholz/Hamburg
Druck: Druckerei Ditzen GmbH & Co. KG, Bremerhaven
Bindung: S. R. Büge GmbH, Celle

Marion Nickig
geb 1955 in Essen, studierte Graphik-Design bei Willi Fleckhaus. Zahlreiche Veröffentlichungen im Pflanzen- und Naturbereich.

Barbara Pöschel
geb. 1946, Mitbegründerin des Schweizer Pelargonienvereins. Zahlreiche Aufsätze über Pelargonien in Fachzeitschriften.

Merci
Die Initiative für dieses Buch verdanke ich Ursula Schäli, die eine begeisterte Pelargonienliebhaberin ist. Das Engagement von Yvonne sorgte für einen kräftigen Energieschub. Im Hintergrund halfen Marie, Dani, Elisabeth, Mariann, Irene, Werner, Ruth, Frau Holzapfel, Herr Müller und die Brauerei Heinecken meine Sammlung zu erhalten, Sabine, Stefan und Ines halfen am Computer. Mein Mann Martin unterstützte mich technisch und praktisch – es braucht die Freunde und die Familie!

Lieben Dank an Marion Nickig